1.
7 Rot haben immer nur die anderen –
warum wir uns nicht an Verkehrsregeln halten

2.
24 Innere Kinder, Schweinehunde
und andere schräge Typen

3.
51 Was kleine Sauereien so unverzeihlich macht

4.
65 Ein gutes Gewissen ist ein sanftes Ruhekissen

5.
82 Kleine Sauereien im Beruf

6.
101 Unterwegs im Boss-Modus –
kleine Sauereien im großen Stil

7.
121 Von den Freuden des Unterleibs

8.
138 Kleine Sauereien unter Freunden

9.
145 Die Sau rauslassen –
warum kleine Sauereien Spaß machen

10.
154 Voll erwischt –
wenn kleine Sauereien auffliegen

1.

Rot haben immer nur die anderen – warum wir uns nicht an Verkehrsregeln halten

Unser Buch muss auf der Straße beginnen.* Denn nirgendwo zeigen sich die kleinen Sauereien so deutlich wie im Straßenverkehr. Das liegt daran, dass es klare Regeln gibt. Und wenn sich alle daran halten würden, dann wäre diese Welt ein friedlicher Ort mit weniger Blechschäden. Doch die Leute halten sich eben nicht daran. Um die Wahrheit zu sagen: Niemand hält sich an die Regeln (außer Ihnen und mir natürlich). Dabei könnte man diese in Zweifelsfällen sogar nachlesen, in der Straßenverkehrsordnung. Aber haben Sie da schon einmal reingeguckt? Ich jedenfalls nicht. Trotzdem wissen wir ganz genau, wann jemand die Regeln verletzt: wenn er auf dem Fußweg parkt, bei Rot über die Straße geht oder als Radfahrer auf der falschen Straßenseite unterwegs ist.

Die Leute wissen also Bescheid. Und dennoch haben sie nichts Dringlicheres zu tun, als gegen die Regeln zu verstoßen, sobald sie hinter dem Steuer ihres Wagens Platz genommen haben. Oder auf ihr Fahrrad gestiegen sind. Oder sich die Straßen-

---

* Also, damit das schon einmal klar ist: Ein wissenschaftliches Buch ist das hier nicht. Die Fußnoten sind nur dazu da, um ein bisschen abzuschweifen und Dinge unterzubringen, die aus dem Haupttext sofort rausfliegen würden – wie zum Beispiel Quellenangaben, Hinweise auf andere Bücher oder abseitige Kommentare, die von den Kennern so geschätzt werden.

schuhe angezogen haben, um vor die Tür zu gehen und ein paar fundamentale Grundregeln unseres Zusammenlebens zu brechen. Warum tun sie das? Die schockierende Wahrheit lautet: Weil es Spaß macht. In der Psychologie gibt es sogar einen Begriff dafür, den wir später noch gründlich auswalzen werden. Er lautet «Cheater's High», die Hochstimmung des Betrügers.* Diese stellt sich immer dann ein, wenn a.) niemand ernsthaft zu Schaden kommt, und b.) man gute Aussichten hat, mit seiner Mogelei durchzukommen. Wie im Straßenverkehr eben.

Doch es muss noch etwas hinzukommen, ein Element, das sich auf das «Cheater's High» etwas ungünstig auswirken könnte: Der Verstoß muss auf Kosten von anderen geschehen. Nicht ernsthaft (siehe Punkt a.), aber spürbar. Man muss schon ein bisschen mehr tun, als einfach nur bei Rot über die Ampel zu schlurfen, wenn sowieso alles frei ist und nicht einmal Schulkinder zugucken. Man muss jemanden schädigen, beeinträchtigen oder zumindest verärgern. Sonst ist die ganze Sache, möchte man sagen, nicht der Rede wert. Doch das für unser Thema Günstige ist: Es fällt, wenigstens hierzulande, gar nicht so schwer, die Leute durch geringfügige Missachtung der Regeln gegen sich aufzubringen.

Alles mal nicht so eng sehen – die kleinen Sauereien der ersten Stufe

Nehmen wir an, Sie sind frühmorgens mit dem Auto unterwegs. Im Berufsverkehr. Die Ampel springt auf Rot, und Sie nutzen die Phase, bevor die anderen Grün bekommen, um noch rasch hinüberzufahren und die kleine Endorphindusche des «Cheater's High» mitzunehmen. Obwohl niemand direkt zu Schaden kommt,

* Vgl. Nicole E. Ruedy, Celia Moore, Francesca Gino, Maurice E. Schweitzer: »The Cheater's High. The Unexpected Affective Benefits of Unethical Behavior«, in: *Journal of Personality and Social Psychology*, Band 105 (4), 2013, Seite 531–548.

regt so etwas manche Leute schrecklich auf. Denn das, was sie sich ausmalen, ist nicht schön: Derjenige, der sich da noch so rübermogelt, erreicht rechtzeitig und gut gelaunt seine Arbeitsstelle, während sein Kollege, der brav beim Rotlicht stoppt, Gefahr läuft, zu spät zu kommen. Ein Tag, der schon damit anfängt, dass der Ehrliche wieder einmal der Dumme ist, kann kein guter Tag werden. Und darum drücken diese Leute wenigstens auf ihre Hupe, damit alle wissen: Da hat sich gerade jemand eine kleine Sauerei geleistet. Hier befinden wir uns jedoch erst auf der untersten Stufe der kleinen Sauereien. Was man schon allein daran erkennt, dass die Angehupten die Huperei für die eigentliche Sauerei halten. Manche hupen zurück, andere verwandeln sich kurzzeitig in mediterrane Lebenskünstler, die über ihre humorlosen Landsleute nur den Kopf schütteln – das Ignorieren von Verkehrszeichen, Falschparken, Pinot Grigio und Olivenöl gehören doch irgendwie zusammen.

Auf diese unterste Stufe gehört auch das Fahren mit überhöhter Geschwindigkeit, von PS-schwächeren Verkehrsteilnehmern gerne als «Rasen» bezeichnet. Auch da reagieren die Betreffenden häufig verständnislos auf Kritik. Das eindrucksvolle Überbieten der zulässigen Höchstgeschwindigkeit gehört sogar zu den wenigen kleinen Sauereien, die man nicht zu vertuschen versucht, sondern von denen man gerne und häufig ausführlich erzählt. Denn sie verleihen dem Erzähler eine Aura des Verwegenen und Tollkühnen, die man als, sagen wir, leicht übergewichtiger Mittvierziger sonst nicht so bequem erwirbt. So aber gerät man in hinterhältige Radarfallen, wird «geblitzt» und von der Polizei verfolgt. Wie der Chef eines Drogenkartells. Eines kleinen Drogenkartells vielleicht. Nun ja, eines *sehr* kleinen Drogenkartells, aber immerhin.

Im Straßenverkehr ist es nicht anders als in der Schule: Wer nicht ab und zu schummelt, abschreibt und/oder abschreiben lässt, der gehört nicht ganz dazu. Makellose Menschen, die nicht gelegentlich ein bisschen mogeln, mögen wir einfach nicht. Irgendwie merkt man ihnen den Mangel an «Cheater's High»-Zuständen schon an. Sie sind fade und freudlos. Und vor allem machen sie uns ein schlechtes Gewissen. Sie geben uns nicht das beruhigende Gefühl, dass sie genau solche liebenswerten Schelme sind wie wir.

Mit zweierlei Maß messen – die kleinen Sauereien der zweiten Stufe

Wenden wir uns nun den kleinen Sauereien zweiter Stufe zu. Die zeichnen sich dadurch aus, dass wir sehr gereizt reagieren, wenn sie sich ein anderer herausnimmt. Wenn wir selbst so etwas machen, dann sind wir deutlich nachsichtiger. Zwar sind wir nicht gerade stolz darauf, wie auf unsere Geschwindigkeitsrekorde, aber wir machen auch kein Drama daraus. Schließlich kann so etwas jedem mal passieren. Außerdem wissen wir genau, wie es dazu gekommen ist: Es waren die äußeren Einflüsse, die auf unseren guten Kern eingewirkt haben – tiefstehende Sonne, dringender Geschäftsanruf, Ablenkung durch Beifahrerin oder dieser Song im Radio. Außerdem ist doch gar nichts passiert, wenn man es genau nimmt. Die Sauereien der zweiten Stufe wollen wir möglichst schnell abhaken – vorausgesetzt, es sind unsere eigenen. Hat sie dagegen ein anderer begangen, sind wir nicht so großzügig. Wenn wir können, steigen wir ihm aufs Dach. Und seine Ausflüchte, die lassen wir ihm schon überhaupt nicht durchgehen. Denn der andere soll ja nicht so einfach mit seiner Sauerei davonkommen. Er soll sich der Wahrheit stellen und uns gegenüber erklären: «Ich habe Mist gebaut. Das wird nicht wieder vorkommen.»

Nun gibt es durchaus Leute, die ihre kleinen Sauereien im Straßenverkehr hin und wieder zugeben. Zum Beispiel, wenn die Polizei ihnen ihre lichthupenunterstützten Überholmanöver später auf Video vorführt. Interessanterweise reden diese Leute dann über sich selbst wie über eine dritte Person und es ist ihnen furchtbar peinlich, was die sich wieder geleistet hat. Aber wieso

und wozu das Ganze passiert ist – keine Ahnung. Wer sich seinen kleinen Sauereien stellen will, der muss sich selbst ein bisschen fremd werden, der braucht Distanz zu seiner eigenen Persönlichkeit. Nur so kann man das eigene Tun mit der nötigen Fassungslosigkeit betrachten.

Die weitergereichte Sauerei

Zur zweiten Stufe gehört aber noch eine andere Art von kleinen Sauereien: die weitergereichte Sauerei. Nehmen wir an, Sie sind mit dem Fahrrad unterwegs. Wieder im Berufsverkehr. An der Kreuzung springt die Fahrradampel gerade auf Rot. Sie tun, was Radfahrer mit ihrer Vorliebe für «Cheater's High»-Erlebnisse tun: Sie treten noch einmal richtig in die Pedale und zischen über die Kreuzung. Dadurch aber nötigen Sie einen Autofahrer, der gerade abbiegen will, zum Beispiel mich, zu einem kurzen Stopp. Weil ich die Fahrradampel aufmerksam im Blick habe, weiß ich, dass Sie gerade gegen §37 der Straßenverkehrsordnung verstoßen haben. Ich betätige die Wuthupe, kurbele das Fenster herunter, um Sie zu beschimpfen, und brause auf die nächste Ampel zu, die gerade auf Rot umgeschaltet hat. Beherzt brettere ich an den Fußgängern vorbei, die über dieses riskante Manöver den Kopf schütteln. Denn die können nicht ahnen, welche Rechnung ich bei der kleinen Sauerei aufgemacht habe: Wenn dieser Radfahrer nicht bei Rot über die Kreuzung gefahren wäre, hätte ich nicht bremsen müssen und es bei Grün zur nächsten Ampel geschafft. Also *darf* ich da jetzt rüberfahren. Denn wenn alles mit rechten Dingen zugegangen *wäre*, dann hätte ich ja Grün gehabt. Die Fußgänger, die ich fast über den Haufen gefahren hätte, dürfen ihre Beschwerden gerne an den Radfahrer richten.

Es liegt auf der Hand, dass dieses Argument die anderen nicht so recht zu überzeugen vermag. Aber die müssen auch gar nicht überzeugt werden. Bei den kleinen Sauereien der zweiten Stufe muss man zunächst sich selbst überlisten. Und wenn die anderen das für lächerliche Ausflüchte halten, so macht das gar nichts.

Die weitergereichte Sauerei gehört zu den beliebtesten miesen Nummern im Straßenverkehr. Irgendeiner fängt damit an, vielleicht gar nicht mit Absicht, blinkt falsch, übersieht eines dieser Verbotsschilder oder ihm ist gerade entfallen, wo jetzt links oder rechts ist, ganz zu schweigen davon, wer dann überhaupt Vorfahrt hat. Und schon ist es passiert: Ein anderer Autofahrer fühlt sich benachteiligt und muss diese vermeintliche kleine Sauerei wieder ausgleichen, indem er selbst jemanden ärgert, dicht auffährt oder ein paar Fußgänger über den Haufen hupt. So wird die Sauerei immer weitergereicht, bis sie auch uns erreicht. Und natürlich machen wir – instinktiv – mit. Die Affen in der Savanne halten es genauso. Wir sind also evolutionär so angelegt und können gar nicht anders. «Umgeleitete Aggression» heißt dieses Phänomen.* Und wenn es wirklich so nachteilig wäre, wie die Verkehrspolizei behauptet, dann wären wir schon längst ausgestorben. Und zwar als wir alle noch Affen waren.

Was den Autoverkehr betrifft, so ist zu beobachten, dass die Sauereien in zwei Richtungen durchgereicht werden: von den Stärkeren zu den Schwächeren (wie in der Savanne) – und andersherum. Wenn uns ein signalroter Lamborghini die Vorfahrt nimmt, sind wir empört, aber eigentlich nicht überrascht. Bei den größeren Modellen deutscher Autohersteller spricht man ja ohnehin von einer «eingebauten Vorfahrt». Wir treten unwillkürlich auf die Bremse, wenn wir im kleineren Auto mit dem schwächeren Motor unterwegs sind, weil uns klar ist, dass im Zweifel die inoffizielle Hackordnung gilt. Wer hinter dem Steuerrad eines hochpreisigen Personenkraftwagens mit einschüch-

---

* Dazu gibt es ein lesenswertes Buch von Judith Eve Lipton und David P. Barash: *Payback. Why We Retaliate, Redirect Aggression, and Take Revenge*. Oxford University Press 2011. Lipton ist Psychiaterin, Barash Evolutionspsychologe, beide sind miteinander vereiratet.

ternder Haifischvisage sitzt, der besitzt gewisse Vorrechte. Er *kann* sich an die Straßenverkehrsordnung halten, *kann* aber auch im Bedarfsfall davon abweichen. So jemandem nimmt man nicht die Vorfahrt. Stattdessen versuchen wir, uns an die schwächeren Verkehrsteilnehmer zu halten.

Forschung an der Kreuzung

Das ist jetzt eine gute Gelegenheit, einen Seitenblick auf die empirische Sozialforschung zu werfen. Eine Gruppe von Wissenschaftlern um die kalifornischen Sozialpsychologen Paul Piff[*] und Dacher Keltner[**] hat eine viel beachtete Studie durchgeführt.[***] Die Wissenschaftler postierten sich an einer Kreuzung in San Francisco und beobachteten den Verkehr. Und zwar, wie es sich für Wissenschaftler gehört, systematisch und unter kontrollierten Bedingungen. Zunächst wiesen sie jedem Auto einen bestimmten Status zu, Status 1 war der niedrigste, Status 5 der höchste. Vor der Kreuzung befand sich ein Stoppschild, die Autofahrer waren also verpflichtet anzuhalten und durften erst wei-

---

[*] Der kalifornische Sozialpsychologe Paul Piff darf nicht verwechselt werden mit dem deutschen Kabarettisten Sebastian Pufpaff, der in Bonn Politik, Soziologie und Staatsrecht studiert hat. Nach eigenem Bekunden hat Pufpaff seinen Beruf gewählt, weil der am besten zu seinem Namen passte. Ob das auch auf Piff zutrifft, muss hier offen bleiben.

[**] Der Sozialpsychologe Dacher Keltner gehört zu den originellsten Typen seines an originellen Typen nicht armen Fachs. In einer viel beachteten Studie untersuchte er bei College-Absolventinnen den Zusammenhang zwischen dem strahlenden Lächeln auf dem Jahrgangsfoto und dem späteren Lebensglück (einschließlich Berufserfolg). Und es ist genau das herausgekommen, was Sie und ich vermuten.

[***] Vgl. Paul Piff, Daniel Stancato, Stéphane Côté, Rodolfo Mendoza-Denton, Dacher Keltner: «Higher Social Class Predicts Increased Unethical Behavior», in: *PNAS*, Band 109 (11), 2012, Seite 4086–4091. Abrufbar auf der Homepage von Paul Piff: www.paulpiff.wix.com.

terfahren, wenn die Straße frei war. Die Psychologen waren aber vor allem an den Fahrern interessiert, die nicht anhielten und damit anderen die Vorfahrt nahmen. Eine lupenreine kleine Sauerei der zweiten Stufe, würden wir sagen.

Interessanterweise gab es zwischen den Fahrern der Fahrzeuge mit dem Status 1 bis 4 wenige Unterschiede. Jeweils um die 10 Prozent verhielten sich nicht korrekt. Dabei dürfte es sich um die Menschen handeln, die immer Mist bauen, egal in welchem Fahrzeug sie sich befinden. Oder ob überhaupt in einem. Doch bei den Fahrern der Autos mit dem höchsten Status, dem Status 5, änderte sich die Sache: Der Anteil der Fahrer, die sich die kleine Sauerei erlaubten, das Stoppschild zu missachten, verdreifachte sich. Und genau das hatten Piff, Keltner und ihre Kollegen erwartet: Die Leute in den dicksten Autos machen am meisten Ärger.

In einer zweiten Studie stellten sie einen Fußgänger an einen Zebrastreifen. Für die heranfahrenden Autos war gut zu sehen, dass er gerade die Straße überqueren wollte. (Wer am Zebrastreifen weiterfährt, verstößt gegen die Straßenverkehrsordnung, auch in Kalifornien.) Diesmal verhielten sich nur die Autos mit dem niedrigsten Status korrekt, die anderen bremsten des Öfteren nicht. Ergebnis: Für Fußgänger wird es schon ab der unteren Mittelklasse gefährlich.

Um zu überprüfen, ob dieser Befund auch für deutsche Straßen zutrifft, habe ich meine eigenen Studien durchgeführt, unsystematisch und unter unkontrollierten Bedingungen. Nach jahrelanger Feldforschung kann ich die Ergebnisse von Piff, Keltner und ihren Kollegen im Großen und Ganzen bestätigen. Allerdings würde ich die fünf Statusklassen um eine weitere ergänzen: die L-Klasse. Autos der L-Klasse erreichen Spitzenwerte, wenn es darum geht, Radfahrern den Weg abzuschneiden. Zur L-Klasse gehören nicht etwa die Luxuslimousinen, sondern die Lieferwagen. Und zwar insbesondere solche, die schon ein bisschen angerostet sind. Lieferwagen mit der Aufschrift: «Metallbau

Schulz» oder «Der Fliesenleger kommt». Aus noch nicht ganz geklärter Ursache sind diese Fahrzeuge immer in Eile. Vielleicht wollen sie ihren Bestimmungsort erreichen, ehe sie auseinanderfallen? Vielleicht wollen sie aber auch bei der Anfahrt ein rasantes Tempo vorlegen, ehe am Einsatzort die Entdeckung der Langsamkeit bevorsteht? Man weiß es nicht.

Was aber die kleinen Sauereien der L-Klasse von denen der anderen Verkehrsteilnehmer unterscheidet, ist, dass die Fahrer ihr Vergehen überhaupt nicht zu genießen scheinen. Jeder Porschefahrer freut sich, wenn alle anderen zurückweichen, die eigentlich Vorfahrt hätten. Aus so manchem Sportwagen habe ich einen lässigen Gruß empfangen, der bedeuten soll: «Sorry, aber das habe ich gerade mal gebraucht.» Nicht so in der L-Klasse. Da bleiben viele mürrisch, auch wenn sie so einen behelmten Angeber auf seinem Trekkingrad zur Vollbremsung gebracht haben. Ich vermute, das liegt daran, dass sie den altbewährten deutschen Grundsatz verinnerlicht haben: «Egal, was geschieht, solange du mürrisch bleibst, bist du im Recht.» Vielleicht hat es aber auch damit zu tun, dass sich die L-Klasse verkehrshierarchisch in einer gewissen Scharnierposition befindet. Und solche Positionen sind immer schwer abzuschätzen. Einerseits befinden sich die Autos der L-Klasse in der Status-Pyramide der motorisierten Fahrzeuge recht weit unten, an ihrem Fuß sozusagen, andererseits aber thronen sie unmittelbar über allen nichtmotorisierten Verkehrsteilnehmern. Denen gegenüber müssen sie sich daher besonders behaupten. Wenn sie anfangen, für einen Radfahrer zu bremsen, dann laufen sie Gefahr, dass sie niemand mehr ernst nimmt.

Und damit können wir bequem überleiten zur Gegenrichtung, in die die kleinen Sauereien durchgereicht werden. Wie schon angedeutet, sind es nicht nur die Starken, die die Schwachen ärgern, sondern auch die Schwachen nehmen sich gerne die Freiheit, den vermeintlich starken Verkehrsteilnehmern auf der Nase herumzutanzen. Dabei gilt die Daumenregel: Je ausgeprägter der Statusunterschied ist, umso besser sind die Aussichten, dass sie damit durchkommen. Der Stärkere soll auf den Schwächeren Rücksicht nehmen – so haben wir es gelernt, so ist es richtig, so ist es fair. Allerdings müssen die Stärkeren immer wieder an diesen edlen Grundsatz erinnert werden, sonst haben die Schwachen ganz schlechte Karten und werden gnadenlos ausgeplündert. Doch wenn man es geschickt genug anstellt, dann geben sich die Starken plötzlich Mühe und lassen sich allerhand gefallen, denn sie wollen zwar gewinnen, aber nicht die Bösen sein. Darin liegt die Chance der vermeintlich Schwachen für eine kleine Sauerei. Nirgendwo zeigt sich das so deutlich wie im Straßenverkehr.

Es sind nämlich die schwachen, verletzlichsten Verkehrsteilnehmer, die sich am wenigsten um die Straßenverkehrsordnung scheren. An einer roten Ampel halten die Autofahrer fast immer an. Und wenn nicht, dann weil die Ampel gerade eben noch grün war und man einfach nicht mehr zum Bremsen gekommen ist. Aber so mitten in einer Rotphase fährt kaum ein Autofahrer los. Bei Fußgängern und Radfahrern sieht das schon anders aus. Und dabei haben sie noch ein reines Gewissen. Viele betrachten die Verkehrslichter eher als Anregung und nicht als Vorschrift. Sie überqueren die Straße, wenn sie den richtigen Zeitpunkt für gekommen halten. Sie denken sich: «So, jetzt reicht es einfach...» – und dann gehen sie los. Dabei können sie sich auf zwei Argumente stützen: Zum einen sind manche Grünphasen so kurz, dass Fußgänger sowieso nicht hinüberkommen. Egal wann sie starten, sie befinden sich *in jedem Fall* früher oder später bei Rot auf der Fahrbahn. Da kann man auch gleich bei Rot rübergehen. Oder man ignoriert dieses ganze Buntlicht ganz grundsätzlich. Wenn diese Verkehrsplaner keine Rücksicht auf uns nehmen, dann nehmen wir uns die Freiheit, zu tun, was wir für richtig halten. Zum anderen gefährden Fußgänger die Autofahrer nicht so stark wie umgekehrt. Bei einer Kollision ziehen sie immer den Kürzeren und riskieren somit Kopf und Kragen, während die

Autofahrer allenfalls ein paar Beulen an ihrem Fahrzeug abbekommen. Es handelt sich also um eine kleine Sauerei auf eigenes Risiko, was sie in ihren Augen schon vollkommen akzeptabel macht.

Die Radfahrer

Die unbestrittenen Champions der kleinen Sauereien im Straßenverkehr sind jedoch nicht die Fußgänger, sondern die Radfahrer. Das liegt unter anderem daran, dass sie sich von vornherein für die besseren Menschen halten. Vielleicht zehren sie auch noch ein wenig vom friedfertigen Image längst vergangener Zeiten, als Fahrräder noch «Drahtesel» hießen und erwachsene Radfahrer als Umweltschützer oder entspannte Lebenskünstler galten. Nun, das hat sich gründlich geändert. Vor allem die Entspanntheit ist dahin. Und ob sich die Umwelt noch immer über die vielen Radfahrer freut, die durch Wald und Flur heizen, wollen wir mal offen lassen.

Dennoch sind Radfahrer davon überzeugt, besser als die Autofahrer zu sein. Das machen sie an verschiedenen Dingen fest: Sie produzieren keine Abgase, bewegen sich mit ehrlicher Muskelkraft vorwärts und sind überhaupt eher in sportlicher Mission unterwegs. Bekommen wir nicht ständig zu hören, dass wir uns zu wenig bewegen? Nun, Radfahrern kann man sehr viel vorwerfen, nur nicht, dass sie sich zu wenig bewegen. Sie versuchen vielmehr, *ständig* in Bewegung zu bleiben. Alles, was sie aufhält, ist ein Hindernis, das überwunden werden muss. Und zwar möglichst schnell. Ich weiß, wovon ich rede, ich fahre genauso irrsinnig wie alle anderen. Natürlich liegt das auch an den Fahrrädern, die heute verkauft werden. Das sind mehr Sportgeräte als Verkehrsmittel. Rennmaschinen mit Kampflenker. Trekkingräder ohne Licht, ohne Klingel, ohne Gepäckträger, weil so etwas zu viel Gewicht haben würde. Leichtigkeit ist gefragt, denn leicht macht schnell. Kaum haben Sie sich auf so ein Rad gesetzt und fahren los, schon nehmen Sie automatisch am großen Stadtrennen teil.

Bei der ganzen Raserei spielen die Fahrradhelme übrigens eine etwas zwiespältige Rolle. Einerseits schützen sie die Köpfe der Radfahrer (was manche Autofahrer für ihren eigentlichen Nachteil halten). Sie sorgen damit für mehr Sicherheit, und man bekommt für seinen Kopfschutz ein freundliches Nicken von der Verkehrspolizei. Andererseits aber verstärken diese Helme die Rennfahrer-Illusion. Wer sich so ein Ding umschnallt, der kann gar nicht mehr gemütlich radeln, ohne sich lächerlich vorzukommen.

Doch es wäre ein Fehler anzunehmen, die sportlich hochgerüsteten Fahrer wären die Bösen und die anderen die Guten. Natürlich sind alle Radfahrer ein wenig böse. Auf ihre eigene Art. Und auch unter den pedalbetriebenen Zweirädern gibt es so etwas wie eine L-Klasse: Modelle mit Rostrand, die gleichfalls vom Auseinanderfallen bedroht scheinen. Man erkennt sie am Klappern der Schutzbleche. Bemerkenswerterweise werden ausgerechnet die Fahrer dieser am äußeren Rand der Verkehrstüchtigkeit balancierenden Räder von dem Ehrgeiz gepackt, allen zu zeigen, was noch in ihnen steckt. Und vermutlich durchflutet sie ein wohliges Triumphgefühl, wenn es ihnen gelingt, den einen oder anderen Schnösel auf seiner federleichten Rennmaschine abzuhängen. Es ist ein Guerillakampf auf Rädern. Man will den technisch überlegenen Gegner mit gezielten Nadelstichen in die Knie zwingen, muss dabei aus der Illegalität heraus operieren und sich über die repressiven Verkehrsregeln hinwegsetzen. Daher schleichen sich vor der Ampel die Rosträder an allen anderen vorbei, um wirklich als Erste die Straße zu überqueren. Außerdem erzwingen sie durch ihre schwer berechenbare Fahrweise, dass man sie nur mit beträchtlichem Abstand überholen kann. Wenn überhaupt.

Die kleinen Sauereien der dritten Stufe

Jetzt wird es Zeit, dass wir uns der dritten und höchsten Stufe der kleinen Sauereien zuwenden. Diese kleinen Sauereien finden wir überhaupt nicht akzeptabel. Nicht einmal bei uns. Oder vielmehr: *Gerade* bei uns nicht. Die anderen ... na ja, die sehen das vielleicht nicht so eng, aber *wir* haben bestimmte Prinzipien. Dennoch verstoßen wir gelegentlich gegen diese – nicht nur, aber besonders gerne im Straßenverkehr. Dabei neigen wir dazu, diese peinliche Tatsache vor uns selbst zu verbergen oder wir nehmen die kleine Sauerei einfach nicht zur Kenntnis. «War da was?», fragen wir irritiert. «Wird schon nicht so schlimm gewesen sein.» Solche Äußerungen kommen bei den anderen immer ganz schlecht an. Wenn jemand schon eine kleine Sauerei begangen hat, dann sollte er sie wenigstens zugeben und dazu stehen. Das haben wir ja schon bei Stufe zwei gesehen.

Aber so läuft das eben nicht, denn es ist ja nicht so, als würden wir die kleinen Sauereien vorsätzlich begehen. Sie geschehen halb automatisch, ohne dass sie uns bewusst werden. Jawohl, es sind unsere unbewussten Helferlein, die hier eingreifen und dafür sorgen, dass sich der Lichtkegel unseres Bewusstseins auf andere Dinge richtet. Im Straßenverkehr klappt das besonders gut, weil wir dort ohnehin das Meiste unterhalb der Bewusstseinsschwelle erledigen. Das hat viele Vorteile: Wir können schneller reagieren, beim Autofahren oder Spazierengehen Gespräche führen – und nebenbei kleine Sauereien anrichten, die wir bei genauer Überlegung niemals zulassen würden, weil wir finden, dass sich so etwas nicht gehört.

Vielleicht glauben Sie, dass ein rücksichtsvoller Verkehrsteilnehmer, der auf Kinder und alte Leute achtgibt, das durchgängig tun muss. Gelegentliche Ausreißer sind da nicht drin. Und wenn sie dennoch geschehen, dann muss das der rücksichtsvolle Verkehrsteilnehmer sofort merken. Nun, genau das ist ein gewaltiger Irrtum. Unsere Wertvorstellungen werden dadurch, dass wir gelegentlich gegen sie verstoßen und diesen Verstoß vor uns geheim halten, nicht über den Haufen geworfen. Ganz im Gegenteil: Erst dadurch können wir überhaupt an ihnen festhalten und uns in anderen Situationen dazu entschließen, Rücksicht zu nehmen. Wir kommen darauf zurück.

«Französisch einparken»

Mit den kleinen Sauereien der Stufe drei ist die Reihe jetzt komplett. Dabei dürfen wir allerdings nicht erwarten, dass die kleinen Sauereien von Stufe zu Stufe größer und schlimmer werden. Sie werden nur unangenehmer für den, der sie anstellt. Tatsächlich kann ein und dieselbe kleine Sauerei auf allen drei Stufen stattfinden. Vielleicht kennen Sie das «französische Einparken»: Dabei arbeitet man sich als Autofahrer in eine allzu enge Parklücke hinein, indem man Kontakt zur Stoßstange des vorderen und/oder hinteren Autos aufnimmt und sich durch mehr oder weniger sachtes Schieben ausreichend Platz verschafft. Und wenn keine richtige Stoßstange vorhanden ist, sondern eher eine Art Zierleiste, dann tut man so, als wäre da eine.

Auf Stufe eins halten Sie das für eine richtig praktische Sache. Vor allem wenn Sie selbst gerade einen Parkplatz suchen. Ist doch besser als sich auf den Bürgersteig oder den Radweg zu stellen. Da stört Ihr Auto ja viel mehr. Außerdem finden Sie diese Art des Einparkens irgendwie lässig – Ausdruck der französischen Lebensart, von der wir Deutschen uns mit unserer Überkorrektheit ruhig mal eine Scheibe abschneiden sollten. Auf der zweiten Stufe sinkt die Wertschätzung für diese (Un-)Sitte bereits gewaltig. In den engen Gassen von Paris mag das in Ordnung sein, aber hierzulande ist es eben nicht üblich. Außer in Notfällen. Und wenn man ganz, ganz vorsichtig ist. Und weil Sie immer wieder mal in einem Notfall einparken müssen (und sowieso ganz, ganz vorsichtig sind), dürfen Sie «französisch einparken» – alle anderen jedoch nicht. Stufe drei ist erreicht, wenn

Sie beim Einparken (und vielleicht auch sonst) absolut keinen Spaß verstehen. Sie ermahnen Ihre Familienangehörigen, stets korrekt in die Parklücke hineinzumanövrieren. Wer dabei ein anderes Fahrzeug touchiert, riskiert eine Sachbeschädigung und gehört bestraft. Wer da noch mit französischer Lebensart kommt, verabschiedet sich aus dem Kreis der Menschen, mit denen man ein ernsthaftes Gespräch führen kann. Aber eines Tages fangen Sie plötzlich selbst damit an, die Parklücke, in die Sie hineinwollen, auf «französische Art» zu weiten. Mehr aus Zufall. Und ohne groß nachzudenken. Zunächst sah die Lücke so aus, als kämen Sie ohne Probleme hinein. Dann hatten Sie eigentlich keine Wahl mehr. Sie mussten einparken. Wenn Sie jetzt wieder ausgeparkt hätten, dann wäre alles noch viel schlimmer gekommen – haben Sie sich nachher gesagt. Die ganze Sache wäre Ihnen gar nicht weiter aufgefallen, wenn nicht plötzlich der Besitzer des vorderen Wagens aufgetaucht wäre und gegen Ihren Wagen getreten hätte.

Bleibt abschließend die Frage: Warum unterlaufen uns überhaupt die kleinen Sauereien der Stufe drei? Wir wollen so doch gar nicht sein. Uns sind Leute, die so etwas tun, zuwider. Warum passieren sie uns dann trotzdem? Sind wir Heuchler? Sind unsere Werte nur Fassade? Haben wir keine Kontrolle über uns? Das sind Fragen, denen wir uns im nächsten Kapitel zuwenden.

2.

Innere Kinder, Schweinehunde und andere schräge Typen

Haben Sie in Ihrem Leben schon einmal etwas gestohlen? Vielleicht haben Sie es nicht «stehlen» genannt, sondern «wegnehmen» oder «ausleihen» – auf unbestimmte Zeit. Wenn Sie es überhaupt irgendwie bezeichnet haben. Aber diejenigen, denen es gehört, die sagen «stehlen» dazu. Also, denken Sie in Ruhe nach, durchkramen Sie Ihr Gedächtnis. Wie war das damals, als Sie noch ein Kind waren? Oder als Sie in der Pubertät Erfahrungen sammeln mussten? Und wie ist es heute? Antworten Sie ehrlich, Sie sind ja mit sich allein. Und lesen Sie erst dann weiter.*

---

* Angeblich macht das niemand. Dann lesen wir schon lieber Fußnoten als irgendwelche «Übungen» mitzumachen. Dennoch mögen es die Leute, wenn in einem Buch «praktische Übungen» vorkommen. Vor allem wenn der Autor droht: «Sie profitieren nur von diesem Buch, wenn Sie auch wirklich mitmachen.» Wir tun dann einfach so, als hätten wir alles so gemacht, wie es sich der Autor ausgedacht hat. Eine meiner Lieblingsübungen stammt aus dem Buch *Ich weiß, was du denkst* von Thorsten Havener. Er fordert den Leser auf, «ein ca. 20 Zentimeter breites und 5 Meter langes Brett» vor sich auf den Boden zu legen und darauf vom einen zum anderen Ende zu laufen. Kein Problem, oder? Aber dann kommt es: «Jetzt nehmen Sie genau dasselbe 20 Zentimeter breite und 5 Meter lange Brett und überbrücken damit eine tiefe Felsschlucht.» – Nur für den Fall, dass man *nicht* abstürzt: Was fängt man mit so einem idiotischen Brett eigentlich *nach* der Übung an?

Wenn Sie mich fragen, lautet die korrekte Antwort: «Oh ja, gleich mehrmals.» Es gibt ja so vieles, was sich stehlen lässt: Geld, Ideen, Schokolade, sogar die Zeit. Oftmals stehlen wir, ohne es zu bemerken. Erst hinterher, wenn es zu spät ist, entdecken wir, dass wir etwas «mitgenommen» haben. So finden manche zu ihrer Überraschung Hotelhandtücher in ihrem Gepäck, wenn sie zu Hause den Koffer auspacken. Die Leute haben keine Ahnung, wie sie da hineingelangt sind, und räumen sie kopfschüttelnd in ihren Wäscheschrank.

Der bedeutende Soziobiologe Robert Trivers bekennt in seinem Buch *Betrug und Selbstbetrug*: «Im Laufe der Jahre habe ich herausgefunden, dass ich ein Gelegenheitsdieb bin. Ich stehle in Gegenwart anderer kleine Gegenstände. Ich klaue Kugelschreiber und Bleistifte, Feuerzeuge und Streichhölzer und andere nützliche Dinge, die man leicht in die Tasche stecken kann. Während ich es tue, bin ich mir dessen (genau wie meist auch mein Gegenüber) überhaupt nicht bewusst, und das, obwohl ich mich mittlerweile schon seit mehr als 40 Jahren so verhalte.»[*]

Vielleicht haben Sie auch aus Unwissen gestohlen. Sie haben gedacht, hier wäre Selbstbedienung. Sie haben Schilder übersehen, Hinweise vergessen oder Sie haben angenommen, das wäre hier so üblich, weil andere damit angefangen haben. Eventuell haben Sie auch nur eine günstige Gelegenheit ausgenutzt. Das Schicksal meinte es zur Abwechslung mal gut mit Ihnen und hat Ihnen irgendetwas Schönes in die Hände gespielt. Ein prall gefülltes Portemonnaie zum Beispiel. Zurückgeben? Das hätte man natürlich machen können. Andererseits haben Sie sich vielleicht gesagt: Wenn mir diese Geldbörse hier geradezu aufgenötigt wird, dann hat das bestimmt seine Richtigkeit. Oder Sie waren der Ansicht, dass das Ding unbedingt ins Fundbüro muss. Gleich Montag wollten Sie es hinbringen. Das haben Sie aber – rätselhaft, rätselhaft – nicht gemacht. Am Montag nicht. Und danach auch nicht.

[*] Robert Trivers: *Betrug und Selbstbetrug. Wie wir uns selbst und andere erfolgreich belügen*. Berlin 2013, Seite 53.

Ich weiß, es gibt einige unter uns, die die Eingangsfrage mit einem entschiedenen «Nein!» beantwortet haben. So etwas soll vorkommen, versichern Psychologen. Es gibt ja auch Männer, die ihre Frau mit einem Hut verwechseln.* Außerdem wissen Menschenkenner: Wer noch nie gestohlen hat, ist vielleicht einfach noch nicht erwischt worden. Denn eines ist gewiss: Die Male, die wir ertappt wurden, haben sich unserem Gedächtnis weit stärker eingeprägt als die unzähligen Male, die wir davongekommen sind. Wir sind nämlich nicht nur in den Augen der anderen lediglich so lange in Ordnung, wie wir uns nicht erwischen lassen, sondern auch in unserem eigenen Urteil. Solange wir davonkommen, fehlt uns der kritische, distanzierte Blick von außen. Erst wenn wir erwischt werden, müssen wir uns mit dieser unerfreulichen Tatsache auseinandersetzen, uns verteidigen, Erklärungen finden oder erfinden. Sogar wenn wir uns ganz gut rausreden können, bleibt es dabei, dass wir aus der Perspektive unseres Gegenübers gestohlen haben. Außerdem gibt es da noch unser Gewissen. Hin und wieder meldet sich eine innere Stimme und mahnt uns: «Das war nicht recht.» Dann versuchen wir die Sache wieder gutzumachen oder wir geben uns selbst das Versprechen: «Beim nächsten Mal wird alles anders.» Was beim nächsten Mal tatsächlich passiert, ist ein ganz eigenes Thema, auf das wir noch zu sprechen kommen. An dieser Stelle sei nur so viel gesagt: Mit Vorliebe beißt das Gewissen die Menschen, die tatsächlich gar nichts angestellt haben.

Kinder, Kinder

Doch zurück zu unserer Eingangsfrage: Wir fangen ja eigentlich schon in der Kindheit mit dem Stehlen an. Oder sagen wir besser, wir schaffen die Grundlage dafür. Wir nehmen anderen weg, was nicht uns gehört. Und so einem kleinen Knubbel

---

* Nachzulesen in dem Buch von Oliver Sacks: *Der Mann, der seine Frau mit einem Hut verwechselte*. Reinbek 1991.

gehört ja noch nicht viel. Verstehen Sie mich nicht falsch, ich behaupte nicht, dass Kleinkinder schon klauen. Sie haben ja noch gar keinen Begriff vom Eigentum. Was ihnen gefällt, das nehmen sie sich einfach, und was ihnen nicht gefällt, Gemüsebrei zum Beispiel, das lassen sie sich nicht so leicht aufdrängen.

Dabei machen wir als Kleinkinder die wichtige Erfahrung, dass es Ärger und Gebrüll gibt, sobald wir uns an fremdem Eigentum vergreifen. Manche lassen sich davon erst recht anspornen, den betreffenden Gegenstand nicht mehr rauszurücken. Denn sie ahnen, dass die Sache nicht völlig schlecht sein kann, wenn dem Gegenüber so viel daran liegt. Aber natürlich ist auch der Umkehrschluss erlaubt: Wenn niemand Einspruch erhebt, dann kann man den Gegenstand ruhig nach Hause tragen und in seine Spielzeugkiste legen. Was so viel bedeutet wie: «Das gehört jetzt mir!» Manche Menschen behalten diese Einstellung bis in das Erwachsenenalter bei. Überhaupt sind es gar nicht die Kinder, die das Thema der «kleinen Sauereien» betrifft, vielmehr sind es die Erwachsenen, in denen noch ein «inneres Kind» steckt, das hin und wieder den Ernst des Lebens lustvoll unterläuft.

Es, Ich und Über-Ich

Dass unser Seelenleben nicht aus einem Guss ist, haben die Menschen schon früh bemerkt. Warum verhalten wir uns manchmal völlig anders, als wir es wollen oder richtig finden? Nach der Vorstellung verschiedener Religionen sind hierfür Dämonen und böse Geister verantwortlich, die uns auf allerlei dumme Gedanken bringen. Einem alten Volksglauben zufolge sitzt auf unserer rechten Schulter ein Engel, auf unserer linken ein Teufel – und angeblich haben wir die Wahl, wem wir in einer gegebenen Situation folgen. Dummerweise zeigen die Menschen immer wieder einen bedenklichen Linksdrall. «Der Geist ist willig, aber das

Fleisch ist schwach», steht schon in der Bibel.* Mit dieser Unterscheidung nähern wir uns dem einflussreichen «Drei-Instanzen-Modell» von Sigmund Freud, das besagt, dass unsere Seele dreigeteilt ist. Dem «schwachen Fleisch», das dem «willigen Geist» nicht so recht folgen will, entspricht das triebgesteuerte «Es». Das ist so etwas wie der animalische Unterbau der Seele. Es folgt dem Lustprinzip, ist affektgesteuert und duldet keinen Aufschub seiner Bedürfnisse. Hier haben die meisten unserer kleinen Sauereien ihren Ursprung. Denn wonach es das «Es» drängt, stößt im Kreise unserer Mitmenschen häufig auf scharfe Ablehnung. Daher hat die zweite Abteilung, unser «Ich», die Aufgabe, die wüsten Wünsche und niederen Beweggründe aus dem Kellergeschoss zu zähmen und in sozialverträgliche Bahnen zu lenken. Zumal auch aus der oberen Etage, dem sogenannten «Über-Ich», gewaltige Forderungen gestellt werden. Das «Über-Ich» ist der Bereich der Werte und Normen, der Moral und des Gewissens, die Stimme des Engels sozusagen. Das «Über-Ich» sagt uns, was moralisch richtig ist, wie wir uns verhalten sollten. Wenn wir seine Anweisungen missachten, drohen uns Schuldgefühle und Gewissensbisse.

Und so lavieren wir mehr oder weniger herum. Mal gestatten wir uns, einen Trieb auszuleben, damit da unten kurzzeitig Ruhe ist, ein anderes Mal sind wir moralisch und anständig, um uns gut zu fühlen und von den anderen geachtet zu werden. Der Unterschied zum Engelchen-Teufelchen-Modell liegt auf der Hand: Ob wir uns eine kleine Sauerei erlauben oder nicht, hängt nicht allein von unserem Willen oder unserer Entscheidung ab. Wir sind «nicht Herr im eigenen Haus», wie Freud

---

* Matthäus 26, 41. Auch wenn der Vers gerne im Zusammenhang mit den kleinen Sauereien zitiert wird, geht es an dieser Stelle darum, dass Jesus seine Jünger schlafend vorfand, obwohl er sie gebeten hatte, die letzte Nacht vor der Kreuzigung mit ihm zu wachen. Die körperlichen Bedürfnisse verleiten uns nicht nur zu kleinen Sauereien, sie hindern uns auch daran, gute Vorsätze in die Tat umzusetzen.

es formulierte.* Es nützt nichts, sich ausschließlich an das Engelchen zu halten. Denn das kleine triebhafte Teufelchen sitzt nicht bloß auf der linken Schulter, sondern wir tragen es tief in uns. Von dort aus macht es seine Ansprüche geltend. Das heißt, auch und gerade für den seelisch gesunden Menschen gilt: Mit einem Mindestmaß an kleinen Sauereien muss gerechnet werden.

Dabei macht das «Ich» die Sache überhaupt erst schlimm. Denn es wäre ja alles in Ordnung, wenn das «Ich» eine neutrale Instanz wäre, die versuchen würde, die widerstreitenden Interessen irgendwie auszubalancieren. Aber genau dazu ist unser «Ich» eben nicht in der Lage. Vielmehr hat es die bedenkliche Tendenz, die Impulse aus den unteren Seelenregionen zu leugnen, da diese ihm einfach zu peinlich sind, als dass es sie ungefiltert in unser Bewusstsein lassen könnte. Dem «Ich» ist nämlich daran gelegen, dass wir uns einreden, im Grunde recht vernünftige Leute zu sein. Und das öffnet die Schleusen für Doppelmoral und kleine Sauereien.

Ein besonders feiner Trick, um aus der Nummer herauszukommen, ist die sogenannte Sublimierung: Dabei wird die Triebenergie, die zu den kleinen Sauereien drängt, auf sozial anerkannte Aktivitäten umgelenkt – in Kunst, Kultur und Wissenschaft. Wer Bilder malt, Statuen meißelt, Theorien austüftelt oder – Sie ahnen es – Bücher schreibt, der hat ursprünglich ganz andere Absichten. Die kann er aber nicht in die Tat umsetzen, ohne sich aus dem Kreis zivilisierter Menschen zu verabschieden. Im Umkehrschluss heißt das: Wer in Wissenschaft und Kultur Vortreffliches leisten will, der muss in anderer Hinsicht enthaltsam sein. Sonst ist die nötige Triebenergie bereits verbraucht. Außerdem gäbe es ja gar keinen Grund mehr, zu Pinsel, Erlenmeyerkolben oder Stift zu greifen, wenn man auf direktem Wege schon zum eigentlichen

---

* Sigmund Freud: «Eine Schwierigkeit der Psychoanalyse» (1917), in: Sigmund Freud: *Gesammelte Werke*, Band 12. Frankfurt am Main 1999, Seite 11.

Ziel kommen könnte, nämlich Sex zu haben. Nun ja, seit Picasso, Georges Simenon und Mick Jagger hat diese These viel von ihrer Überzeugungskraft verloren,* aber für unser Thema viel relevanter sind ja ohnehin die nicht ganz so feingestrickten Methoden, um mit den peinlichen Wünschen fertig zu werden. So versucht das «Ich» häufig, die niederen Impulse zu verdrängen und so zu tun, als wäre da gar nichts, nicht einmal Kraftstoff für kulturelle Aktivität. Aber sie lassen sich nicht so leicht abschütteln, die geheimen Wünsche der «Es»-Klasse, sie kehren zurück in unseren Träumen, quälen uns als neurotisches Symptom oder kommen in Fehlleistungen und verqueren Ersatzhandlungen zum «Vorschwein».**

Unser peinlicher Schatten

Da wir nun schon mal bei der Tiefenpsychologie sind, darf hier das Konzept vom «persönlichen Schatten» nicht fehlen, das Carl Gustav (kurz: «Zehgeh») Jung entwickelt hat. Der Schatten symbolisiert die dunkle Seite unserer Persönlichkeit und umfasst Neigungen und Eigenschaften, die wir an uns selbst nicht mögen und oftmals nicht wahrhaben wollen. Darum projizieren wir sie auf andere. Sie halten wir für unmoralisch und böse und werfen ihnen die Dinge vor, die wir selbst – als «Schatten» – in uns tragen. Tatsächlich hören wir immer wieder von Leuten, die über den Verfall von Anstand und Sitte klagen, die unerschrocken und

---

* Heute ist man eher geneigt, sich der Gegenthese anzuschließen, die der Psychologe und Evolutionsbiologe Geoffrey Miller aufgestellt hat. Demnach können zumindest die männlichen Kreativleistungen als Teil des Balzverhaltens betrachtet werden. Die schöpferische Tätigkeit wäre demnach kein Ersatz für sexuelle Aktivitäten, sondern ein Mittel, um sie zu erlangen.

** Natürlich muss es «Vorschein» heißen. Ein «Freud'sche Versprecher», der von Freud selbst berichtet wird: Ein Mann erzählte ihm, bestimmte Tatsachen seien zum «Vorschwein» gekommen. Tatsachen, die er für «Schweinereien» hielt. Vgl. Sigmund Freud: *Zur Psychopathologie des Alltagslebens*. Frankfurt am Main 2009.

manchmal sogar gnadenlos gegen die Gier, die Unmoral und den Materialismus unserer Zeit ankämpfen – womit sie stets die Gier, die Unmoral und den Materialismus der anderen meinen. Und dann werden sie eines Tages dabei erwischt, wie sie wüste Orgien feiern, sich mit illegalen Drogen zudröhnen oder ein paar Millionen an der Steuer vorbeimogeln.

«Die schärfsten Kritiker der Elche waren früher selber welche.» Diese Einsicht stammt nicht von «Zehgeh» Jung, sondern von «Effweh» Bernstein,* doch genau um dieses Phänomen geht es hier. Einige der heftigsten Kritiker sind sogar noch heute Elche – Riesenelche, wie sich gelegentlich zeigt. Daher gibt es gute Gründe, besonders denen aufmerksam auf die Finger zu schauen, die als Saubermänner, Hardliner und grimmige Ankläger auftreten. Oft gehen wir ihnen auf den Leim, weil wir von denjenigen, die an andere strenge Maßstäbe anlegen, erwarten, dass sie auch sich selbst gegenüber unnachsichtig sind. Aber damit liegen wir häufig falsch. Wenn wir dem Konzept vom «persönlichen Schatten» folgen, könnten wir sogar sagen: Je höher der Mast der Moral aufragt, mit dem jemand seine Mitmenschen einschüchtert, umso tiefer dürfte bei so jemandem der Kiel in bedenkliche Regionen hinunterreichen.

«Zehgeh» Jung empfiehlt daher: Anstatt den eigenen «Schatten» anderen anzuhängen, sollten wir ihn als Teil unserer Persönlichkeit akzeptieren, ihn nicht abspalten, sondern integrieren. Auch die unangenehmen Seiten, die wunden Punkte, die Lust am Bösen gehören zu uns. Dagegen lässt sich erst einmal nichts sagen. Allerdings gestaltet es sich in der Praxis etwas schwierig, mit seinem «Schatten» ins Reine zu kommen. Denn dieser hat die Tendenz, sich zu verbergen. Wir können nicht einfach in unsere

* Der Satiriker, Grafiker und Karikaturist F. W. Bernstein heißt mit bürgerlichem Namen Fritz Weigle. Der Satz von den «schärfsten Kritikern der Elche» entstammt einer Karikatur, ist aber längst zum geflügelten Wort geworden. Bei Weitem nicht so bekannt ist sein ebenso treffender Satz über das schöpferische Arbeiten: «Das Wichtigste ist das Warten auf den zweiten Einfall.»

Seele hinabtauchen und entdecken ihn, wie er so dahinschwimmt, dieser dunkle Raubfisch. Wir können nie sicher sein, ob wir ihn überhaupt zu fassen bekommen. Und dann stellt sich noch die Frage: Wie sollen wir ihn überhaupt integrieren? Ihn dulden wie einen peinlichen Verwandten? Ihm ab und zu das Feld überlassen – für ein paar kleine Sauereien? Oder löst er sich einfach auf, sobald er uns «bewusst» geworden ist – so wie das Rumpelstilzchen im Märchen, das sich in der Mitte durchreißt, sobald jemand seinen Namen nennt?

Die situationistische Wende

Ob triebgesteuertes «Es» oder «persönlicher Schatten», wenn es nach der Tiefenpsychologie geht, so liegt die Ursache der kleinen Sauereien tief in unserem Innern, nämlich in Regionen, auf die unser Bewusstsein und unser Wille keinen direkten Zugriff haben. Geradezu den entgegengesetzten Weg wählt ein Ansatz, den wir hier den «situationistischen» nennen wollen. Dieser Begriff ist zwar nicht allzu stark verbreitet, doch die Vertreter dieser Richtung haben ihn eingeführt, und der Internetblog, auf dem viele ihrer Aufsätze nachzulesen sind, trägt den Titel «The Situationist». Der prominenteste Situationist dürfte der Sozialpsychologe Philip Zimbardo sein, der mit dem «Stanford-Prison-Experiment» einer breiten Öffentlichkeit bekannt wurde.

An diesem bis heute umstrittenen Experiment nahmen 24 Studenten teil, die durch Münzwurf einer Gruppe zugelost wurden: Entweder waren sie Gefangene oder Wärter in einem Gefängnis, das die Wissenschaftler im Keller der Stanford Universität eingerichtet hatten. Erstaunlich schnell hatten die Studenten ihre Rollen verinnerlicht: Die Wärter schikanierten und demütigten die Gefangenen, die wiederum organisierten einen Aufstand, der niedergeschlagen wurde. Nach sechs Tagen brach Zimbardo das Experiment ab, das außer Kontrolle zu geraten drohte. «Am Anfang des Experiments gab es keine Unterschiede zwischen den beiden Gruppen», schrieb Zimbardo im Nachhinein, «kaum eine Woche später gab es keine Ähnlichkeiten zwischen ihnen. Daher ist die Schlussfolgerung zulässig, dass die Pathologien durch die Kombination situativer Kräfte hervorgerufen wurden.»*

Mit anderen Worten: Nicht ihr Charakter, bzw. ihre Veranlagung bringt Menschen dazu, Sauereien zu begehen, sondern die Situation, in der sie sich befinden – oder in die man sie versetzt. Dies konnte Zimbardo deshalb behaupten, weil er vor dem Experiment die Studenten einem Persönlichkeitstest unterzogen hatte. Nur diejenigen wurden ausgewählt, die normale, unauffällige Ergebnisse erzielt hatten. Und ob sie als Wärter oder Gefangene an dem Experiment teilnahmen, darüber bestimmte der Zufall. Damit hatte sich die Perspektive verschoben: Anstatt zu prüfen, was in der Tiefe der Seele vor sich geht, rückten durch Zimbardos Forschung die äußeren Umstände in den Mittelpunkt des Interesses. Nicht wir selbst entscheiden, ob wir gut oder schlecht handeln, es treibt uns auch nicht ein animalischer Trieb oder ein «böser Schatten», sondern es ist die Situation, die großen Einfluss darauf hat, ob wir heldenhaft Widerstand leisten, resignieren oder kleine Sauereien begehen.

Auch unsere Neigung, der Mehrheit zu folgen, unterschätzen wir gewaltig. Wir halten uns für Individualisten, sind eher skeptisch gegenüber der Mehrheitsmeinung. «Nur tote Fische schwimmen mit dem Strom», heißt ein alter Spruch, doch auch lebende Fische schwimmen immer wieder *mit* dem Strom. Was Fische aber vor allem tun: Sie schwimmen im Schwarm, mit vielen, vielen anderen, an denen sie sich ununterbrochen orientieren. Natürlich gibt es auch Fische, die ganz alleine unterwegs sind, Raubfische vor allem. Der Psychologe Robert Cialdini hat herausgefunden, dass wir Verbote besonders häufig dann übertreten, wenn man uns den Eindruck vermittelt, dass sich die anderen auch nicht daran halten. Bei der Steuererklärung schum-

* Philip Zimbardo: *Der Luzifer-Effekt. Die Macht der Umstände und die Psychologie des Bösen.* Heidelberg 2008, Seite 193.

meln? Sich alkoholisiert hinter das Steuer setzen? Oder gar fremdgehen? Das finden wir nicht in Ordnung. Aber wenn wir ständig zu hören bekommen, dass so viele genau das tun, ja, dass es beklagenswerterweise *immer mehr* werden, dann senkt das unsere Hemmschwelle auf Null. Ja, womöglich haben wir Sorge, einen Trend zu verpassen.

Cialdini selbst wohnt in Arizona. Eine der Hauptattraktionen dort ist der «Petrified-Forest»-Nationalpark, ein ausgedehntes Wüstenplateau mit vielen Fundstätten aus versteinertem Holz. Ein großes Problem für die Parkverwaltung ist, dass viele Besucher die Versteinerungen als Andenken mitnehmen. Daher hat man am Eingang eine Tafel angebracht, auf der jeder lesen konnte: «Dieses Kulturerbe wird jeden Tag durch Diebstahl ein wenig mehr zerstört. In jedem Jahr werden 14 Tonnen an Versteinerungen entwendet, meist kleine Stücke.» Auf diese klagenden Worte stieß auch ein Doktorand von Cialdini, der mit seiner Freundin den Park besuchte. Diese Freundin bezeichnete er als «den gewissenhaftesten Menschen», der ihm je begegnet sei. Eine Frau, die jede Büroklammer zurückerstattet, die sie jemals entliehen hat. Der Doktorand hatte das mahnende Schild noch nicht zu Ende gelesen, da stieß sie ihm verschwörerisch den Ellenbogen in die Seite: «Dann lass uns mal zusehen, dass wir auch noch eine Versteinerung bekommen.»[*]

Ein weiteres klassisches Experiment der Psychologie ist das berühmte «Milgram-Experiment», bei dem Versuchspersonen dazu angehalten wurden, andere Teilnehmer mit Stromstößen zu bestrafen, wenn diese eine Merkaufgabe nicht lösten.[**] Tatsächlich waren die vermeintlichen Lerner aber Schauspieler, die regelmäßig versagten. Daher fühlten sich die echten Versuchspersonen dazu veranlasst, ihnen immer stärkere Elektroschocks zu

---

[*] Robert Cialdini: «The Secret Impact of Social Norms», Vortrag vor der Royal Society of Arts, am 25. Januar 2007.
[**] Stanley Milgram: *Das Milgram-Experiment. Zur Gehorsamsbereitschaft gegenüber Autorität.* 18. Auflage, Reinbek 1982.

verabreichen. Um eben diese Bereitschaft, Anweisungen zu folgen, auch wenn diese den eigenen Moralvorstellungen zuwiderlaufen, ging es in dem Experiment. Es wurde viele Male wiederholt, mit wechselnden Personengruppen und in unterschiedlichen Kulturkreisen. Das Ergebnis blieb relativ stabil: Die meisten Versuchspersonen standen das Experiment bis zum Ende durch und betätigten den letzten Hebel, in der Überzeugung, damit einen lebensgefährlichen Stromschlag auszulösen.

Das Experiment wurde vielfach als Beleg für einen weitverbreiteten «autoritären Charakter» verstanden, als schockierende Einsicht in die Bereitschaft zum «Kadavergehorsam». Dabei geriet ein sehr wesentlicher Punkt in den Hintergrund: Die meisten Teilnehmer folgten den Anweisungen keineswegs blind, als willige Vollstrecker; vielmehr meldeten sie Bedenken an und wandten sich hilfesuchend an den Versuchsleiter. Der forderte sie jedoch auf weiterzumachen, um das Experiment nicht zu «gefährden». Viele Versuchspersonen wollten also abbrechen, aber sie taten es nicht. Ein Teilnehmer stöhnte: «Oh Gott, lass uns aufhören!» Doch er machte weiter.

Und diejenigen, die abbrachen? Was waren das für Leute? Was zeichnete sie aus? Das überraschende Ergebnis ist, dass sie sich in *nichts* von denen unterschieden, die gerne als «autoritäre Charaktere» bezeichnet werden. Weder das Alter, das Geschlecht, noch der Bildungsgrad, die Religiosität oder irgendein anderes Merkmal spielten eine Rolle.* Was jedoch einen starken Einfluss auf die Bereitschaft hatte, den Anweisungen zu folgen, waren die Rahmenbedingungen: Wie nahe den Versuchspersonen der vermeintliche Schüler war, wie nahe der Versuchsleiter, welchen Status sie ihm zuschrieben, ob noch weitere Teilnehmer anwesend waren und wie diese sich verhielten, all das wirkte sich

---

* Eine Dokumentation und Kommentierung der Milgram-Experimente findet sich in dem Online-Kurs «Social Psychology» von Scott Plous, Professor an der Wellesley University. Dieser «MOOC» wird turnusmäßig angeboten unter www.coursera.org.

außerordentlich stark auf das Verhalten der Versuchspersonen aus. Ob wir also moralisch fragwürdige Dinge tun und gegen unsere eigene Überzeugung handeln, kann davon abhängen, wie sehr uns eine Autorität im Nacken sitzt, und ob wir die Verantwortung für unser Handeln dieser Autorität zuschieben können.

Die Ameise und die Grille

Kennen Sie die Fabel von der Ameise und der Grille? In der Fassung von Äsop geht die Geschichte in etwa so: Eine Ameise arbeitete den ganzen Sommer über hart, baute ihr Haus und legte Vorräte an. Die Grille lachte sie aus, sang, tanzte und amüsierte sich. Als der Winter kam, hatte es die Ameise in ihrem Bau behaglich warm und genug zu essen. Die Grille hatte nichts und musste bei der Ameise betteln. Diese sagte zu ihr: «Hast du im Sommer singen und pfeifen können, so kannst du jetzt im Winter tanzen und Hunger leiden. Das Faulenzen bringt nun mal kein Brot ins Haus.» Doch dann hatte die Ameise Mitleid und gab ihr etwas zu essen – unter der Bedingung, dass sie etwas Musik für sie mache.

Die Ameise und die Grille stehen für zwei unterschiedliche Geisteshaltungen, für zwei verschiedene mentale Systeme, wie die Psychologen David DeSteno und Piercarlo Valdesolo herausgearbeitet haben.* Um in der Welt zurechtzukommen, brauchen wir beide Systeme, das der unbekümmerten Grille und das der gewissenhaften, langfristig orientierten Ameise. Mal hilft uns die eine Denkungsart weiter, mal die andere. Mal bringt uns die eine in Schwierigkeiten, mal die andere. So gesehen stecken in jedem von uns eine Ameise und eine Grille. Die Frage ist nur, wann sie zum Einsatz kommen.

Die Fabel lässt vermuten, dass die «kleinen Sauereien» eher die Domäne der Grille sind. Sie ist auf den kurzfristigen Vorteil

* Vgl. David DeSteno, Piercarlo Valdesolo: *Out of Character. Surprising Truths About the Liar, Cheat, Sinner (and Saint) Lurking in All of Us.* New York 2011.

bedacht, lässt alle Verpflichtungen außer Acht und entscheidet aus dem Moment heraus. Übernimmt die Grille die Steuerung, lassen wir unsere Arbeit liegen, wenn draußen die Sonne scheint, wir halten uns an keinen Diätplan und wenn morgens der Wecker klingelt (den am Vorabend die Ameise gestellt hat), dann drehen wir uns um und schlafen weiter. Untreue ist die verlässlichste Eigenschaft der Grille – in finanzieller, partnerschaftlicher und überhaupt jedweder Hinsicht. Was gestern galt, muss heute keineswegs immer noch gelten. Vielmehr kommt es darauf an, was *jetzt*, in diesem Moment, zählt.

Die Ameise steht für das Gegenprogramm: Sie stellt aktuelle Bedürfnisse zurück, plant und verfolgt langfristige Ziele. Was sie auszeichnet, ist ihre Verlässlichkeit und Konsequenz. DeSteno und Valdesolo erklären, dass uns überhaupt erst die innere Ameise vertrauenswürdig macht. Ohne Ameise keine Stabilität in Beziehungen, ohne Ameise keine Kooperation. Denn die setzt ja voraus, dass eine Seite erst einmal in Vorleistung geht, sich Nachteile einhandelt, um später selbst unterstützt zu werden.

Auf den ersten Blick scheint es so, als wäre die Ameise der gute Teil ins uns, der Engel auf unserer rechten Schulter, und die Grille das zirpende Teufelchen, das uns verführt, jeder Versuchung nachzugeben. Man könnte glauben, in der Welt würde es besser zugehen, wenn wir alle ein bisschen mehr wie die Ameisen wären. Doch so einfach ist es nicht. Unsere mentalen Systeme sind weder gut noch böse, moralisch oder unmoralisch, vielmehr haben beide ihren Sinn und Zweck. Beide sollen dafür sorgen, dass es uns besser geht. Ihr wesentlicher Unterschied besteht im zeitlichen Horizont: Während die Grille auf die Gegenwart fixiert ist, beschäftigt sich die Ameise mit den langfristigen Folgen unseres Handelns. Langfristig ist es besser zu kooperieren, langfristig ist es besser zu sparen, langfristig ist es besser, durch den Park zu joggen, auch wenn man gerade keine Lust dazu hat. Doch der langfristige Vorteil ist eben nicht alles. «Langfristig sind wir alle tot», wusste schon der Ökonom John Maynard Keynes. Wer immer nur spart und aufschiebt, hat am Ende gar nichts davon. Außerdem zeigt die Lebenserfahrung, dass es hin und wieder ganz anders kommt, als wir uns das mit unserem Ameisendenken ausgerechnet haben. Wer von seinen einmal gefassten Plänen und Vorsätzen nicht abweichen kann, ist unflexibel und erleidet früher oder später Schiffbruch.

Obendrein ist die Grille viel schneller. In den Momenten, in denen Nachdenken gerade nicht erlaubt ist, weiß die Grille sofort, was zu tun ist. Das führt uns zu dem Umstand, dass die Grille keineswegs nur selbstsüchtige Dinge treibt. Menschen, die ohne nachzudenken in die Fluten springen, um einen Unbekannten zu retten, sind in diesem Moment sozusagen «auf Grille». Wer in so einer Situation anfängt, zu überlegen und ameisenartig die Vor- und Nachteile abzuwägen, der springt in aller Regel *nicht*. Auch das Milgram-Experiment könnten wir aus diesem Blickwinkel neu betrachten. Demnach haben diejenigen abgebrochen, deren innere Grille rebelliert hat: «Das ekelt mich an! Ich mache das nicht länger mit!» Auf der anderen Seite erfordern Intrigen höchste Anstrengung der inneren Ameise. Pläne müssen geschmiedet und Eventualitäten bedacht werden. Täuschung, Verschwörung, raffinierte Fallenstellerei, das bringen wir nur dann fertig, wenn wir auf unsere innere Ameise umschalten und unsere Grille im Zaum halten. So gesehen sind die großen Sauereien dann wieder das Geschäft der Ameise. Zumindest ein erklecklicher Teil davon.*

Die entscheidende Frage ist jedoch: Wovon hängt es ab, ob die Ameise oder die Grille zum Einsatz kommt? Die Antwort von DeSteno und Valdesolo lautet: Von äußeren Einflüssen. Davon, ob wir uns beobachtet fühlen, ob wir Entscheidungen für die Zukunft treffen müssen (das erledigt die Ameise) oder solche, die

---

* DeSteno und Valdesolo meinen hingegen, in solchen Fällen habe die eigennützige Grille die Ameise für eigene Zwecke eingespannt. Da scheinen sich die Dinge dann doch allzu stark zu vermengen. Immerhin handelt es sich ja um zwei getrennte mentale Systeme, die überhaupt nur einen Sinn ergeben, wenn wir sie voneinander abgrenzen.

unmittelbar wirksam werden (dafür ist die Grille zuständig). So wird die Entscheidung, ob wir einen Vertrag mit einem Fitness-Studio abschließen, meist von der Ameise getroffen. Ob wir dann aber heute dorthin gehen, diese Entscheidung überlassen wir der Grille – und ihre Antwort lautet: Nein, ein andermal. Die Einflüsse müssen nicht immer von außen kommen. Welche Gedanken uns gerade beschäftigen, wie ausgeruht wir sind, welche Hormone gerade unseren Körper durchfluten, das alles kann unsere Entscheidung in die eine oder andere Richtung drehen, ohne dass wir uns im Mindesten darüber bewusst sind.

Die besondere Pointe dieses Modells kommt aber erst noch (und die hat unmittelbar mit den kleinen Sauereien zu tun): Die Grille ist raffinierter, als es zunächst den Anschein hat. Sie übernimmt nämlich nicht nur, wenn eine spontane Entscheidung nötig ist, wir also nicht zum gründlichen Überlegen kommen («Denk an die Folgen!», mahnt die innere Ameise), hin und wieder tritt die Grille auch in Aktion, *wenn* wir ausreichend Gelegenheit zum Überlegen bekommen. Denn während unser mentales System im friedlich kooperativen Ameisenmodus so dahin läuft, schläft unsere innere Grille nicht. Vielmehr lauert sie auf eine günstige Gelegenheit, das Steuer an sich zu reißen. Dazu braucht sie eine mehr oder weniger akzeptable Begründung, oder sagen wir gleich: einen Vorwand. Den zu konstruieren, erfordert geistige Ressourcen. Wenn diese nicht ausreichend zur Verfügung stehen, bleiben wir lieber anständig.

Das haben DeSteno und Valdesolo in einem Experiment näher untersucht. Die Versuchspersonen nahmen an einem Test teil, bei dem angeblich ihre Kompetenz zur Problemlösung untersucht werden sollte. Dazu wurden Zweierteams gebildet, die am Computer zwei unterschiedliche Aufgaben bearbeiten sollten: eine kurzweilige «Foto-Jagd», die etwa zehn Minuten in Anspruch nehmen sollte, und eine Serie kniffliger und langwieriger Logik-Probleme, für deren Lösung etwa eine Dreiviertelstunde nötig wäre. Der Versuchsleiter erklärte, er selbst dürfe nicht wissen, wer von den beiden welche Aufgabe bearbeite. Sobald er den Raum verlassen hatte, sollte die eine Versuchsperson daher eine Münze werfen, um die Aufgaben zuzuteilen. Das Ergebnis musste sie ihrem Partner mitteilen, der in einem anderen Raum saß und auf die Entscheidung wartete. Einige Versuchspersonen warfen so lange die Münze, bis das gewünschte Ergebnis herauskam. Andere verzichteten ganz auf den Münzwurf, um dem anderen mitzuteilen: Der Zufall hat entschieden, du musst dich durch die langatmigen Logik-Probleme quälen, während ich mich auf die «Foto-Jagd» mache. Nicht ganz das, was man ein faires Verfahren nennt, sondern eine lupenreine kleine Sauerei, die sich fast alle Versuchspersonen herausnahmen.

Dieses Verhalten kam jedoch zum Erliegen, wenn DeSteno und Valdesolo einen kleinen Trick anwandten: Sie gaben den Versuchspersonen zusätzlich auf, sich Zahlenreihen zu merken. Das erfordert einiges an Konzentration und beansprucht die geistigen Ressourcen, die unsere innere Grille braucht, um sich die nötigen Rechtfertigungen auszudenken. Diese Rechtfertigungen sind keine ausgeklügelten Argumente, aber sie müssen uns selbst hinreichend gute Gründe liefern, auch wenn sie fadenscheinig sind, wie etwa: Für den anderen macht es ja keinen Unterschied, ob die Münze ihn dazu verdonnert, die unangenehmen Aufgaben zu bearbeiten, oder ob ich das tue. Oder: Der Versuchsleiter hat mich dazu bestimmt, die Entscheidung herbeizuführen, und ob ich dafür eine Münze werfe oder nicht, spielt doch keine Rolle. Oder der Klassiker schlechthin: Wenn der *andere* die Münze werfen müsste, würde er es auch nicht tun.

DeSteno und Valdesolo schreiben dazu: «Wir haben dem kurzfristigen System die Hände gebunden, um zu prüfen, ob das langfristige System – das auf der Seite der Fairness steht – noch funktioniert. Und wie sich herausstellte, tat es das. (...) Was dieses Ergebnis uns sagt: Wir fühlen tief in unserem Innern, dass es falsch ist, den anderen auszutricksen. Die Gewissensbisse sind sofort da, intuitiv. Es ist nur so, dass unser Verstand sehr gut darin ist, sie mit Rechtfertigungen wegzuwischen, wenn es unseren kurzfristigen Interessen dient. Vor allem, wenn es unwahrscheinlich ist, dass wir erwischt werden.»*

Ein Smartphone mit Pressesprecher

Ameise und Grille weisen den Weg zum Konzept der «modularen Psyche», das einige Elemente aufgreift, die wir bereits kennengelernt haben. Doch handelt es sich keineswegs nur um eine Kombination bewährter Ideen, sondern um einen eigenständigen Ansatz. Beheimatet ist er in der Evolutionspsychologie. Deren wichtigste Annahme lautet: Unser Seelenleben ist das Ergebnis evolutionärer Prozesse, sie unterliegen der natürlichen Selektion, wie sie Charles Darwin beschrieben hat.** Das klingt für Sie vielleicht zunächst so aufregend wie die Nachricht, dass sich die Erde um die Sonne dreht. Daraus ergeben sich aber einige Schlussfolgerungen, die unsere gewohnten Vorstellungen von Persönlichkeit, Charakter und kleinen Sauereien über den Haufen werfen. Beginnen wir mit dem Unbewussten, dem «Es» – oder auch dem «persönlichen Schatten». Diese Instanzen machen uns ja deshalb so viel Ärger, weil sie ihre Ansprüche an unserem bewussten «Ich» vorbeischmuggeln müssen. Das «Ich» lässt bestimmte Wünsche nicht zu, es zensiert, verdrängt oder verschiebt sie. Besserung ist erst dann zu erwarten, wenn wir uns diese Wünsche eingestehen, sie in unser Bewusstsein holen.

* DeSteno, Valdesolo: *Out of Character* (wie Anmerkung* Seite 38), Seite 38 (Übersetzung von mir).
** Sie wissen das natürlich, dass durch Mutationen und Rekombinationen des Erbguts zahlreiche Varianten entstehen, von denen nur einige überlebensfähig sind. In die Alltagssprache übersetzt: Sorge für Vielfalt und wähle dann aus. Hinzukommt, dass besonders erfolgreiche Varianten viele Nachkommen in die Welt setzen. Sie sorgen also dafür, dass sich ihre Gene/Eigenschaften/Fähigkeiten stärker ausbreiten als andere. Auf diese Weise kann ein winziger Überlebens- oder Fortpflanzungsvorteil über mehrere Generationen dramatische Auswirkungen haben.

Die evolutionäre Psychologie würde an dieser Stelle ein großes Fragezeichen setzen. Sie bestreitet keineswegs, dass unbewusste Prozesse großen Einfluss auf unser Handeln haben. Ganz im Gegenteil. Das meiste, das in unserem Kopf vor sich geht, geschieht unbewusst. Und das hat seinen Sinn, denn es entlastet uns ungemein. Unser Bewusstsein ist gar nicht dazu da, mit jedem kruden Zeug behelligt zu werden. Wir müssen nicht wissen, was unsere «inneren Schatten» so alles treiben, denn das Leben wäre nicht einfacher, sondern erst recht kompliziert, wenn uns jede Ungereimtheit bewusst werden würde. Dass dies nicht geschieht, ist ein enormer Vorteil. Es erlaubt uns, in einer überaus komplexen Welt zurechtzukommen, die sich auch noch ständig verändert. Auch wenn es uns schwerfällt zu glauben: Unser Gehirn und unser Geist sind von der Evolution nicht geformt worden, um die Wirklichkeit zu erkennen. Vielmehr sollten sie unseren Vorfahren das Überleben erleichtern. Das Überleben und die Fortpflanzung, denn ohne Nachkommen wäre die Sache schnell am Ende. Vor diesem Hintergrund erklärt sich der Aufbau unseres Gehirns, aber auch unseres Denkens. Und an dieser Stelle kommt die «Modularität» ins Spiel.

Um zu überleben und sich fortzupflanzen, muss ein Organismus viele verschiedene Aufgaben bewältigen. Dies kann man als Generalist versuchen, sprich mit einem einzigen Werkzeug alle Probleme zu bearbeiten. Das gelingt jedoch mehr schlecht als recht. Entweder wird das Werkzeug zu kompliziert oder man macht sich die Probleme zu einfach. «Wer nur einen Hammer hat, für den sieht jedes Problem wie ein Nagel aus», lautet ein beliebter Spruch.[*] Erfolgversprechender ist daher die Spezialisierung: Für jedes Problem hat man das geeignete Werkzeug im Kasten. Und das wird – der Evolution sei Dank – immer noch weiter ver-

---

[*] Dieser Satz wird Paul Watzlawick zugeschrieben. Aber er findet sich auch bei James Reason in seinem Buch *Menschliches Versagen* von 1994. In verschiedenen Internetquellen heißt es, es handle sich um ein «indonesisches Sprichwort».

feinert. Man darf nur nicht zum falschen Werkzeug greifen, was jedoch mit wachsender Anzahl von Werkzeugen schnell passieren kann.

Übertragen auf den menschlichen Geist heißt das: Für die vielen verschiedenen Aufgaben, die wir zu meistern haben, können wir auf ganz unterschiedliche Werkzeuge zurückgreifen. Eben das sind unsere geistigen Module, mentale Systeme, die sehr einfach sein können und die sehr verschieden funktionieren. Denn sie sollen ja auch ganz verschiedene Dinge leisten. Der Psychologe Robert Kurzban hat diese Module mit den Apps auf einem Smartphone verglichen, den kleinen spezialisierten Programmen, die alle auf ein und demselben Betriebssystem basieren.* Sie sind nicht so streng voneinander getrennt wie die Werkzeuge bei einem Schweizer Taschenmesser. Teilweise greifen sie auf dieselben Unterprogramme zurück: auf Ihr Adressverzeichnis, Ihren Kalender, Ihre To-do-Liste oder auch auf einen Dienst, der Ihr Smartphone genau ortet. Apps können sich ergänzen, aber auch gegenseitig Probleme bereiten. Es gibt übergeordnete Programme, die andere koordinieren, und ganz simple Apps, die am stabilsten laufen.

Bleibt die Frage: Wer wählt eigentlich die Werkzeuge, die geistigen Module aus? Wer trifft die Entscheidung? Wer legt den Finger auf die Apps? Sind das «wir»? Ein Kern-Ich, das unseren komplexen psychischen Apparat steuert? Die Antwort der Evolutionspsychologen lautet: Der Platz hinter dem Steuerrad ist leer. Es gibt keine Kommandozentrale. Die jeweiligen Module werden von außen «angetriggert». Das muss man erst mal sacken lassen. Die Konsequenzen sind tiefgreifend. Und es kommt noch schlimmer, wie ich schon mal verraten darf. Aber erst mal stellen wir ganz einfach die Frage: Was heißt denn das genau, dass unterschiedliche Module unser Denken und Handeln bestimmen?

---

* Vgl. Robert Kurzban: *Why Everyone (Else) is a Hypocrite. Evolution and the Modular Mind.* Princeton University Press 2010, Seite 37.

Dazu kehren wir noch einmal kurz in das erste Kapitel zurück. Stellen Sie sich vor, Sie sind mit Ihrem Auto unterwegs. Vor Ihnen springt die Ampel auf Rot. Betätigen Sie die Bremse oder fahren Sie durch? Das kommt ganz darauf an, sagen Sie vielleicht. Auf die Situation, auf Ihre Stimmung oder auch darauf, in welchem Fahrzeug Sie sitzen. Es gibt ja Autos, die fahren fast von alleine noch über die Kreuzung. Das Konzept der modularen Psyche erklärt, dass Ihr Verhalten davon abhängt, welches Modul gerade aktiv ist. Die Module entscheiden, welche Informationen Sie überhaupt aufnehmen, welche Sie ignorieren und wie Sie die ganze Sache bewerten.

Aber jetzt sollten wir langsam damit rausrücken, welche Module es überhaupt gibt. Das Problem ist, dass sich das so genau nicht sagen lässt. Die Psychologen Douglas Kenrick und Vladas Griskevicius haben sieben solcher Module herausgearbeitet: Selbstschutz, Partner-Werbung, Aufrechterhalten der Partnerschaft, soziale Verbindung (Pflege von Freundschaften), Nachwuchspflege, Statussicherung, Vermeiden von Krankheiten.* Jedes dieser Module bezeichnen sie als «Unter-Selbst», wobei sie betonen, dass es kein übergeordnetes Selbst gibt, wir also sieben kleine Teilpersönlichkeiten mit uns herumtragen, unsere inneren sieben Zwerge. Bezogen auf das Beispiel mit der Ampel, die gerade auf Rot springt, heißt das: Ist Ihr Selbstschutz-Modul aktiv, steigen Sie auf die Bremse, weil Sie auf die Verkehrssicherheit achtgeben. Sind Sie im Modul Partner-Werbung unterwegs, drücken Sie womöglich noch auf das Gaspedal, zumindest wenn Sie ein Mann sind. Die Bremse ist wiederum gefragt, wenn es um das Aufrechterhalten der Partnerschaft geht. Dabei sind Sie ein und dieselbe Person, filtern jedoch aus dem großen Strom der Wahrnehmung die jeweils relevanten Signale heraus und unterlegen ihnen verschiedene Bedeutungen. Die rote Ampel erscheint

---

* Vgl. Douglas T. Kenrick, Vladas Griskevicius: *The Rational Animal. How Evolution Makes Us Smarter Than We Think*. New York 2013, Seite 23 ff.

Ihnen einmal als Warnsignal, einmal als Ärgernis, einmal als willkommener Ansporn, um zu demonstrieren, dass Sie sich über die Regeln hinwegsetzen.

Bitte, es müssen nicht diese sieben Module sein. Das Modell von Kenrick und Griskevicius ist nur ein Vorschlag. Vielleicht gibt es auch 77, wer weiß? Sie finden, 77 wäre ein bisschen viel? Da hätte niemand mehr den Überblick? Aber das ist es ja gerade: Es *hat* tatsächlich *niemand* den Überblick? Die 77 Module treten ja nicht jeden Morgen zum Zählappell an. Letztlich ist es völlig gleichgültig, *wie viele* Module es gibt. Vielleicht haben die Menschen auch unterschiedlich viele. Manche allein drei für ihre Wutanfälle. Doch kann das überhaupt sein? Würde unsere Persönlichkeit nicht völlig auseinanderfallen, gäbe es 77 mentale Systeme, die sich bei der Verarbeitung der Informationen und der Steuerung unseres Verhaltens abwechseln, gegenseitig korrigieren und laufend in die Quere kommen? Wer hält sie alle zusammen und verhindert das Chaos? Die Antwort lautet: Dafür ist unser «Ich» zuständig. Es hat die Aufgabe, dafür zu sorgen, dass unser Verhalten halbwegs stimmig erscheint. Und nun wird es wirklich bitter: Unser bewusstes «Ich» hält den Laden nicht etwa dadurch zusammen, dass es steuernd eingreift. Es hat weit weniger Einfluss, als wir annehmen. Vielmehr agiert es als eine Art Pressesprecher, der über die wirklichen Vorgänge nur unzureichend informiert ist.[*] Es soll vor allem das tun, wofür auch die richtigen Pressesprecher angestellt werden: Es soll die Dinge schönreden, und zwar so, dass sie gerade noch geglaubt werden.

Von hier aus führt eine direkte Linie zu den kleinen Sauereien. Denn das Zusammenspiel von Modulen und «Pressesprecher-Ich» erklärt recht anschaulich, wie das so abläuft, mit den kleinen Sauereien, und warum wir immer wieder Dinge tun, die wir eigentlich missbilligen. Tatsächlich kann das Konzept der

---

[*]   Vgl. Kurzban: *Why Everyone (Else) is a Hypocrite* (wie Anmerkung[*] Seite 45), Seite 132 ff. Kurzban schreibt, dass unser Bewusstsein für die «Public Relations» zuständig ist (Seite 150).

modularen Psyche die kleinen Sauereien auf allen drei Stufen erklären. Stufe eins: Wir befinden uns in einem Modus, in dem kleine Sauereien zum üblichen Verhalten gehören. Als kleine Sauerei erscheinen sie auch nur unseren Mitmenschen – weil sie selbst das Nachsehen haben oder weil sie sich in einem anderen Modus befinden. Unser Pressesprecher-Ich verkündet dann so etwas wie: «Alles ganz harmlos. Regt euch nicht auf. Bleibt einfach ganz locker.» Vielleicht geht unser Pressesprecher auch zum Gegenangriff über und schimpft über die «Moralapostel» und «Gutmenschen», die anderen «den Spaß verderben» wollen. Es könnte sein, dass diese Botschaft auch bei den anderen Modulen ankommt, so wie ein interner Firmennewsletter. «Französisch einparken ist jetzt okay», lesen die staunenden Module, die für Statussicherung oder Nachwuchspflege zuständig sind. «Tja, dann ...»

Bei den kleinen Sauereien der zweiten Stufe muss sich der innere Pressesprecher schon etwas stärker ins Zeug legen. Denn die kleine Sauerei, um die es geht, finden wir keineswegs so charmant. Daher muss jetzt eine Erklärung her, warum der Fall bei uns ganz anders liegt als bei unseren rücksichtslosen Mitmenschen. Wir haben gute Gründe. Oder wir befanden uns in einer Ausnahmesituation. Auf jeden Fall liefert unser innerer Pressesprecher eine stichhaltige Erklärung dafür, wie es zu der kleinen Sauerei kommen konnte und wir dennoch (oder gerade deshalb) ein guter und liebenswerter Mensch sind. Dabei hat der Pressesprecher keine Ahnung von den wahren Gründen. Als Pressesprecher gehen die ihn auch gar nichts an.

Auf der dritten Stufe wird es kritisch: Da hat ein Modul eine kleine Sauerei angerichtet, die in der Pressestelle nur Kopfschütteln auslöst. Unser Pressesprecher ist ratlos. Seine Standardausflüchte ziehen nicht, das weiß er selbst. «Müssen wir dazu überhaupt etwas sagen?», fragt er in die Runde. Alle schweigen. «Wir könnten es auch leugnen», schlägt die Pressereferentin vor. «Ist es denn überhaupt sicher, dass wir das waren?», will der Praktikant wissen. «Also, wir warten erst einmal ab. Vielleicht verläuft die ganze Sache ja im Sand», beendet der Pressesprecher fürs Erste die Diskussion. Tatsächlich gehen wir bei den kleinen Sauereien der dritten Stufe lieber auf Tauchstation, als uns mit ihnen auseinanderzusetzen. Wenn es gar nicht anders geht, dann hilft ein letztes Mittel: Wir sprechen über uns wie über einen Fremden, der uns rätselhaft erscheint. Denn wir haben keine Ahnung, was in ihm vor sich geht.

Vielleicht fühlen Sie sich ein bisschen unwohl bei dem Gedanken, dass es Sie streng genommen gar nicht gibt. Zumindest nicht als Einheit, mit halbwegs verlässlicher Moral, sondern nur als Ansammlung wechselnder Steuerungsmodule mit einem windigen Pressesprecher. Aber warten Sie ab, am Ende des Buchs werden Sie sich hoffentlich wieder komplett fühlen, mit einem tieferen Verständnis Ihrer selbst und Ihrer Mitmenschen – und vielleicht auch mit einem besseren Pressesprecher.

3.

Was kleine Sauereien
so unverzeihlich macht

Erinnern Sie sich an Emmely? Das war nicht etwa dieses Sturmtief, das vor ein paar Jahren über unser Land hinweggefegt ist und den ein oder anderen dazu verleitet hat, überhöhte Forderungen an seine Versicherung zu stellen. Nein, Emmely – die mit bürgerlichem Namen nicht so heißt – war eine Kassiererin, die beschuldigt wurde, zwei Flaschenpfandbons im Wert von 1,30 Euro unterschlagen zu haben. Daraufhin erhielt sie von der Supermarktkette, für die sie viele Jahre gearbeitet hatte, die fristlose Kündigung. Emmely klagte dagegen, zweimal ohne, beim dritten Mal mit Erfolg. Sie darf jetzt wieder an der Supermarktkasse sitzen. Und von diesem Recht hat sie auch Gebrauch gemacht, wie die Zeitungen berichtet haben.* Erstaunlich genug – nach all dem Hauen und Stechen in den Gerichtsverhandlungen. Doch die arbeitsrechtlichen Aspekte sollen uns nur am Rande interessieren, uns geht es um etwas anderes: Beide Seiten waren sich einig, dass sich hier eine ziemliche Sauerei ereignet hatte. Nur meinten sie damit ganz und gar nicht die gleiche Sache.

Aus der Sicht von Emmely sollte ihr die Unterschlagung überhaupt nur untergeschoben werden, um sie loszuwerden. Sie

---

* Wie *Spiegel-Online* am 28. August 2014 meldet, sitzt sie bis heute an der Kasse. Viele Kunden wollen die Pfandbons nur bei ihr einlösen und bitten sie gleich um ein Autogramm.

war Mitglied der Gewerkschaft und hatte sich an Streiks beteiligt. Anschließend hatte sie schon einige Nachteile erdulden müssen, berichtete sie. Sie sei nur zu Spätschichten eingeteilt und von einer Betriebsfeier ausgeschlossen worden. Die Geschichte mit den Pfandbons sei ein Vorwand gewesen, um eine engagierte Gewerkschafterin abzuservieren – und damit die eigentliche Sauerei. Die Tat musste ihr noch nicht einmal nachgewiesen werden. Für eine solche Kündigung genügt ein Verdacht. Deshalb nennt man sie auch «Verdachtskündigung». Und Verdachtskündigungen stehen im Verdacht, eine nicht ganz saubere Geheimwaffe zu sein, mit der man unbequeme Mitarbeiter vor die Tür setzen kann.

Die Gegenseite wies diese Unterstellungen zurück und machte auf zwei Dinge aufmerksam: Emmely habe versucht, Kolleginnen zu belasten und sich vor Gericht in Widersprüche verwickelt. «Sie hat neun verschiedene Erklärungen zur Einlösung der Pfandbons gegeben, und keine war wahr», erklärte die Anwältin der Supermarktkette.[*] Tatsächlich konnte sich Emmelys Version zumindest vor Gericht nicht durchsetzen. Auch als sie in letzter Instanz Recht bekam, gingen die Richter davon aus, dass sie die fraglichen Pfandbons nicht ordnungsgemäß abgerechnet und damit eine «erhebliche Pflichtwidrigkeit» begangen hatte.

Das änderte nichts daran, dass die Öffentlichkeit leidenschaftlich für Emmely Partei ergriff. Eine Frau, die über 30 Jahre lang an der Kasse gesessen hatte, wegen 1,30 Euro in die Arbeitslosigkeit zu entlassen, das erschien vollkommen grotesk. Nach dem ersten Urteil, das die Kündigung für rechtens erklärt hatte, äußerte der damalige Vizepräsident des Bundestages, Wolfgang Thierse, dieses Urteil sei «barbarisch» und könne «das Vertrauen in die Demokratie zerstören».[**] Es gab empörte Artikel, verbit-

---

[*] *Süddeutsche Zeitung* vom 15. Dezember 2011. Nachzulesen unter: www.sueddeutsche.de (Kurz-URL: sz.de/1.957009).
[**] Thierse äußerte sich gegenüber der Berliner Zeitung am 26. Februar 2009 im Artikel von Regine Zylka: «Fall Emmely empört Thierse».

terte Leserbriefe, Sympathiebekundungen und Boykottaufrufe. Ein eigenes Komitee («Solidarität mit Emmely») wurde gegründet, das eine Petition im Deutschen Bundestag einbrachte. Die Supermarktkette und der Filialleiter stießen schon auf weit weniger Sympathie, auch wenn sich einige Experten umso entschiedener auf ihre Seite stellten. Juristen und Vertreter der Arbeitgeber bemerkten kühl, dass die Kündigung völlig in Ordnung gehe. Durch ihr Verhalten habe Emmely das Vertrauensverhältnis zerstört – und Vertrauen sei für eine Tätigkeit an der Kasse nun einmal unerlässlich.

Was geht und was nicht geht – die Welt der Normen

Warum aber hatte Emmely das Vertrauen der Supermarktkette verloren? In den Augen ihrer «Gegner» hat sie gegen eine Norm verstoßen, und zwar gegen die wichtigste, die eine Kassiererin zu beachten hat: Sie muss korrekt und ehrlich abrechnen. Wer diese Norm verletzt, der hat eine Art Todsünde begangen. Ihm oder ihr kann nicht mehr vertraut werden. So einfach ist das. Denn eine Norm dieser Gewichtsklasse gilt ganz oder gar nicht. Man kann sie nicht «ein bisschen» übertreten. In diesem Sinne ist es völlig egal, wie viel Geld Emmely unterschlagen hat. Ihr Verhalten darf nicht geduldet werden. Sonst würde die Norm ja nicht uneingeschränkt gelten, sondern erst ab einer bestimmten Grenze. Und wenn diese Grenze dann wiederum nur ein kleines bisschen überschritten wird, was dann? Nein, über Normen wird nicht diskutiert. Die gelten uneingeschränkt und für alle – sonst kann man es ja gleich lassen und jeder macht, was er für richtig hält.

Das klingt zunächst überzeugend, doch schauen wir uns die Normen einmal genauer an. Was sind Normen überhaupt? Es sind Regeln, die festlegen, wie wir handeln und was wir besser unterlassen sollen. Normen liefern einen Maßstab, um Handlungen als falsch oder richtig beurteilen zu können. Als angemessen oder unpassend. Als vorbildlich oder als kleine Sauerei. Womit wir bei unserem Thema wären und eine Definition nachreichen können, die im ersten Kapitel ja nur gestört hätte. Demnach ist eine kleine Sauerei etwas, das gerade so *außerhalb* der Norm liegt. Dort, wo Emmely die Pfandbons verschwinden lässt, Falschparker ihre Autos abstellen und manch unbescholtener Bürger seine Steuererklärung aufhübscht.

Normen gibt es in allen möglichen Bereichen, in der Familie, in der Öffentlichkeit. Ganz besonders wichtig sind sie aber am Arbeitsplatz. Dort gibt es so viele und so unterschiedliche Normen, dass es im Folgenden vor allem um diese Sorte gehen soll. Ein Missverständnis müssen wir gleich am Anfang ausräumen: Normen sind keineswegs in Stein gemeißelt. Da sich die Vorstellungen davon verändern, wie man handeln soll, ändern sich auch die Normen ständig. Nicht in allen Bereichen, aber in erstaunlich vielen. Hinzukommt, dass Normen einander widersprechen können. So sollen Sie bei Ihrer Arbeit ehrlich sein, aber gleichzeitig auch loyal Ihren Kollegen, Ihren Vorgesetzten und Ihrer Firma gegenüber. Je nachdem, mit welchen Kollegen, Vorgesetzten und Firmen Sie zu tun haben, kann es sein, dass Sie die Wahrheit ein wenig anpassen müssen. Oder auch ein wenig mehr. Gerade weil es so unterschiedliche Normen gibt, lassen sich manche kleine Sauereien überhaupt nicht vermeiden. Denn wenn Sie bei Norm A ein eindrucksvolles Ergebnis vorlegen wollen, kann es sein, dass Sie bei Norm B die Latte reißen müssen. Und bei Norm C und bei Norm D gleich mit.

Aber jetzt kommt es überhaupt erst: Wie *verbindlich* Normen sind, das unterscheidet sich sehr stark. Manche Normen dürfen Sie gefahrlos missachten. Vielleicht erwerben Sie sich dadurch den Ruf, ein liebenswerter Exzentriker oder ein kreativer Querdenker zu sein. Andere Normen haben eher dekorativen Charakter. Sie klingen eindrucksvoll und eignen sich gut für Ansprachen vor den Mitarbeitern, doch ob sie jemand beachtet oder nicht, ist völlig unerheblich. Dann gibt es aber auch Normen, die nur unter bestimmten Voraussetzungen gelten, dann aber unerbittlich. Das klassische Beispiel: Der Chef hat einen Wutanfall gehabt und will «den Saustall ausmisten». Oder er hat ein Seminar besucht, dessen Erkenntnisse er nun «konsequent in der Praxis umsetzen» will. Eng damit verwandt sind die Normen, die hauptsächlich für Berufsanfänger und Praktikanten gelten. Ihre Verstöße werden streng geahndet, während sich die «alten Hasen» unbekümmert darüber hinwegsetzen können. Als aufstrebender Mitarbeiter tut man also gut daran, von Zeit zu Zeit an einer dieser Normen zu rütteln, um festzustellen, ob man bereits dazugehört. Auf der nächsten Stufe begegnen uns Normen, die zwar gelten, aber in begründeten Fällen auch überschritten werden dürfen. Eine beliebte Begründung lautet etwa: «Wir wollen doch nicht päpstlicher sein als der Papst.» Wenn Sie einwenden, das sei gar keine Begründung, liegen Sie vollkommen richtig. Es wird erst dadurch zu einem begründeten Fall, dass sich in jeder Firma nur bestimmte Personen mit dem Papst vergleichen dürfen.

Weiterhin gibt es Normen, gegen die Sie nur verstoßen dürfen, wenn Sie sich – ganz im Sinne unseres Buchtitels – nicht erwischen lassen. Wobei die Kontrollen so gestaltet sein können, dass diese nur die «Doofen» treffen, die ohnehin auf wenig Nachsicht zählen können. Allerdings tun Sie gut daran, sich nicht allzu sehr darauf zu verlassen, weil Sie wider Erwarten doch völlig überraschend kontrolliert werden könnten. Das passiert immer wieder mal. Vor allem wenn irgendein Vorgesetzter «den Saustall ausmisten» will oder einer aus der Führungsriege unvermittelt die «Unternehmensethik zur Chefsache» erklärt. Dann sollen vielleicht auch ein paar kluge Köpfe rollen und Sie müssen aufpassen, nicht dazuzugehören.

An der Spitze stehen schließlich die zentralen, die essenziellen Normen, die wir unbedingt einhalten müssen, sonst werden wir rausgeworfen. Wenn es in dem betreffenden Unternehmen mit rechten Dingen zugeht, dann wird man uns das von Anfang an einschärfen: Dieses und jenes ist absolut tabu, ein «No-Go», wie es Leute formulieren, die streng, aber auch irgendwie cool wirken wollen. Das müssen übrigens gar nicht besonders große und weithin anerkannte Normen sein. Viel interessanter und wichtiger sind die No-Go-Normen, die andernorts keine Rolle spielen, denn die können wir uns nicht mit unserem gesunden Menschenverstand zusammenreimen. Zum Beispiel: Hänge deinen Mantel nie an den Haken des Chefredakteurs. Oder: Trage keine grünen Krawatten, denn das ist die Farbe der Konkurrenz. In einigen gastronomischen Betrieben gilt die Regel: Die Speisen, die für die Gäste zubereitet werden, darf das Personal nicht aufessen. Was übrig gelassen wird, das gehört in den Abfall. Vielleicht finden Sie diese Bestimmung etwas seltsam, immerhin widerspricht sie einer anderen, tief verwurzelten Norm, nach der wir Nahrungsmittel möglichst nicht wegwerfen sollen. Doch diese Norm gilt hier nicht. Wer sich an fremdem Essen vergreift, der fliegt – wenn er sich dabei erwischen lässt. So wie eine Altenpflegerin in einem Heim am Bodensee, die ein paar Maultaschen für den Eigenbedarf in ihre Handtasche stopfte und der ebenfalls gekündigt wurde. Wie Emmely klagte auch die Altenpflegerin dagegen. Allerdings ohne Erfolg. Wer sich nicht an die vereinbarten Spielregeln hält, dem kann nicht mehr vertraut werden. Es geht also ums Prinzip und da genügt schon eine kleine, eine winzige Sauerei, um sich ins Abseits zu schießen.[*]

---

[*] «Wenn man als Arbeitnehmer etwas zu verwalten oder zu besorgen hat, muss man eben 100 Prozent ehrlich sein», äußerte Claus-Peter Wahl, Direktor des Arbeitsgerichts Lörrach, das über den Maultaschen-Fall zu befinden hatte.

Ein Sandkorn stehlen

Bleibt die Frage: Warum hat Emmely bloß gegen diese Alles-oder-nichts-Norm verstoßen? Weil sie eine charakterschwache Frau ist, die es mit der Wahrheit nicht so genau nimmt, lautet eine Erklärung. So jemanden will man nicht an der Kasse haben. Doch ob jemand korrekt abrechnet oder zwei Pfandbons verschwinden lässt, das liegt nicht nur an seinem Charakter. Der ist ohnehin nicht so fest gefügt, wie wir gerne annehmen. Viel größeren Einfluss haben äußere Faktoren, aber auch die Stimmungen, denen wir ausgesetzt sind, sprich die Module, die gerade aktiv sind. Ob Emmely im Ehrlichkeitsmodus kassiert oder im Modus «Jetzt kurzfristig Vorteile abgreifen», das hängt stark davon ab, was um sie herum so passiert. Die Vorstellung, dass es *die* ehrlichen und *die* unehrlichen Kassiererinnen gibt, führt in die Irre. Es stimmt nicht, dass jemand, der einmal falsch abgerechnet hat, dies immer wieder tun wird. Ebenso wenig gibt es die Garantie, dass jemand, der bis jetzt ein zuverlässiger Mitarbeiter war, dies weiterhin sein wird – vor allem nicht, wenn sich die Umstände ändern. Das ist der Befund der psychologischen Forschung: «Alles in allem bestätigen zahlreiche Experimente, dass die Vertrauenswürdigkeit einer Person nicht zuverlässig aus ihren vergangenen Handlungen vorhergesagt werden kann», resümiert Vertrauensforscher David DeSteno. «Es gibt keine stabilen Muster, die unserer Seele eingeprägt sind. Der Ruf, besonders vertrauenswürdig zu sein, ist daher häufig eine Illusion.»*

So etwas scheint unserer Lebenserfahrung zu widersprechen. Wir wissen doch, auf wen wir uns verlassen können. Und wer uns hintergangen hat, den sortieren wir aus, denn wir *können* ihm oder ihr nicht mehr vertrauen. Wenn uns nun jemand mit «besonderen Umständen» kommt, dann halten wir das für

---

* David DeSteno: *The Truth about Trust. How It Determines Success in Life, Love, Learning, and More.* New York 2014, Seite 21 (Übersetzung von mir).

eine faule Ausrede. Da will sich jemand aus seiner Verantwortung stehlen und das macht die ganze Sache noch viel schlimmer. Denn so ein Manöver ist erst recht Ausdruck einer charakterlichen Schwäche, finden wir. Dass wir so denken, macht den Umgang mit unseren Mitmenschen um vieles einfacher. Wir sind ständig auf Menschen angewiesen, denen wir vertrauen müssen. Sie können uns aber hintergehen oder unsere Erwartungen enttäuschen. Wir müssen also immer wieder entscheiden: Wem schenken wir Vertrauen – und in welcher Angelegenheit?

Wenn sich andere eine kleine Sauerei leisten, verlieren sie sofort ihre Vertrauenswürdigkeit. Für ein komplexes Problem gibt es eine schnelle und gründliche Lösung: Emmely hat einen unzuverlässigen Charakter, Emmely ist nicht vertrauenswürdig, Emmely muss gehen. Hinzukommt ein nützlicher Effekt, den man den «Schatten der Zukunft» nennt: Mir ist nur allzu bewusst, dass Sie jede kleine Sauerei, die mir unterläuft, meinem Charakter anlasten werden. In Zukunft werden Sie mir kein Vertrauen schenken. Außerdem werden Sie schlecht über mich reden – denn wer schlechte Erfahrungen macht, der hat nichts Eiligeres zu tun, als diese überall herumzuerzählen. Solche Geschichten hören wir immer wieder gern, mit Vergnügen erzählen wir sie weiter, schmücken sie aus und spitzen sie zu. Der gute Ruf ist ruiniert. Also verhalten wir uns vertrauenswürdig, sogar wenn uns dadurch erst einmal Nachteile entstehen.

Das klingt ein bisschen zu kompliziert, um wahr zu sein. Und doch zeigen Experimente, dass wir uns tatsächlich besonders dann vertrauenswürdig verhalten, wenn wir uns einen guten Ruf aufbauen können.[*] Wenn die Leute jedoch anonym zusammenarbeiten sollen, dann setzt sich der Eigennutz durch und jeder versucht, den anderen reinzulegen. Anders gesagt: Wenn wir mit unserem Namen für unser Verhalten einstehen müssen,

---

[*] Das zeigen verschiedene Laborexperimente, die Manfred Milinski, Direktor am Max-Planck-Institut für Evolutionsbiologie, durchgeführt hat.

dann wirkt sich das positiv auf unsere Vertrauenswürdigkeit aus.

Es spricht jedoch einiges dafür, dass es da draußen sehr viele Emmelys gibt. Ja, vermutlich sind wir alle ein bisschen Emmely – anfällig für kleine und sehr kleine Sauereien. Da stellt sich die Frage, warum ihre Nachfolgerin um einen Deut vertrauenswürdiger sein sollte. Im Fall von Emmely wurde darauf hingewiesen, dass ihr Vergehen keineswegs eine Lappalie sei, denn in jedem Jahr entstünde der deutschen Wirtschaft durch Diebstahl und Unterschlagung ihrer Angestellten ein Schaden von 1,2 Milliarden Euro. Das kann ja nur heißen: Wenn Emmely an einer Charakterschwäche leidet, dann scheint es sich um eine Berufskrankheit zu handeln. Ein befreundeter Mathematiker hat ausgerechnet, dass eine Sandkiste etwa eine Milliarde Sandkörner enthält.* Aus dieser Kiste hat Emmely ein einziges Sandkorn beiseite geschafft. Nicht in einem Jahr, sondern in über dreißig Jahren.

Wenn jemand sein wahres Gesicht zeigt

Wir können es nicht ändern: Verhält sich jemand schlecht, dann machen wir seinen Charakter dafür verantwortlich. Vielleicht lassen wir den einen oder anderen Grund gelten, der ihn entlastet und sein Verhalten in ein milderes Licht taucht, aber sogar dann bleibt es dabei: Dieser Mensch hat sich eine kleine Sauerei geleistet. Das werden wir nicht so schnell vergessen. Vorher haben wir unter Umständen noch viel von ihm gehalten, doch nun wissen wir, was das für einer ist. Wir meinen, in solchen

---

* Die Berechnung ist sehr kompliziert, weil Sandkörner in ihrer Größe stark variieren. Hinzukommt, dass die Körner nicht kugelförmig sind, sondern eine unregelmäßige Gestalt haben. Dadurch nehmen sie mehr Volumen in Anspruch, sprich der «Porenraum» wächst. Unsere Sandkiste mit einer Milliarde Körner darf daher nicht zu feinkörnig sein. Nach Auskunft des Mathematikers hätten zwei Kleinkinder in dieser Kiste ausreichend Spielspaß, mehr dürften es dann aber nicht sein.

Momenten habe er sein «wahres Gesicht» gezeigt. Alles andere war nur Fassade. Seltsamerweise gilt das umgekehrt aber kaum: Jemand, den wir für schlecht und nicht vertrauenswürdig halten, ändert durch eine gute Tat noch lange nicht sein Image. Schon gar nicht meinen wir, jetzt offenbare sich sein guter Kern.

Eng damit verwandt ist ein anderes Phänomen: Hat eine Handlung unbeabsichtigte Folgen, dann machen wir den Betreffenden trotzdem dafür verantwortlich. «Das habe ich nicht gewollt», betrachten wir als ganz schwache Ausrede. Wir erwarten, dass er sich um die Angelegenheit kümmert. Immerhin hat er die ganze Sache ja verursacht, ob er das nun wollte oder nicht. Allerdings beurteilen wir den Fall nur dann so streng, wenn es sich um *negative* Folgen handelt. Unsere Sichtweise ändert sich jedoch dramatisch, wenn die Handlung unbeabsichtigt positive Auswirkungen hat. Da nehmen wir es dem Betreffenden übel, wenn er die Verantwortung übernehmen will. Denn das sind unverdiente Lorbeeren, die ihm nicht zustehen. In einem Experiment der Universität Yale konnte dieser Effekt nachgewiesen werden. Dabei bekamen die Versuchspersonen folgenden Text zu lesen: *Der Vizepräsident eines Unternehmens wendet sich an den Vorstandsvorsitzenden: «Okay, wir haben diese neue Geschäftsstrategie. Die wird uns viel Geld einbringen. Aber sie wird auch die Umwelt schädigen.» Der Vorstandsvorsitzende erwidert: «Hören Sie, ich weiß, dass unsere neue Strategie die Umwelt schädigt. Aber ich kümmere mich nicht darum. Das einzige, worum ich mich kümmere, das ist, dass wir so viel Geld wie möglich verdienen. Also los, setzen wir die Strategie um!» Das geschieht auch. Und die Folgen sind wie erwartet: Die Umwelt wird geschädigt.* Die Versuchspersonen sollten nun folgende Frage beantworten: «Hat der Vorstandsvorsitzende die Umwelt absichtlich geschädigt?» Die allermeisten bejahten diese Frage. Einer zweiten Gruppe präsentierten die Wissenschaftler den gleichen Text mit einer einzigen Änderung: Aus «schädigen» wurde «verbessern». Und nun unterstellte kaum jemand dem Vorstandsvorsitzenden, die

Umwelt vorsätzlich verbessert zu haben. Vielmehr wurde das als eine unbeabsichtigte Folge angesehen.*

Daraus könnte man den Schluss ziehen, dass wir geneigt sind, immer das Schlechteste von unseren Mitmenschen anzunehmen. Doch so einfach ist es nicht. Im Kern geht es um die Frage: Wem können wir vertrauen? Wir möchten unbedingt vermeiden, dass wir reingelegt werden. Also reagieren wir äußerst empfindlich auf jedes Anzeichen, dass der andere nicht vertrauenswürdig sein könnte. Hat er sich eine kleine Sauerei zuschulden kommen lassen, genügt uns das, um ihn auszusortieren. Es wäre viel zu aufwändig, sich noch mit den Umständen zu beschäftigen. Sorry, Sie hatten Ihre Chance. Der Nächste, bitte! Allerdings ändert sich die Lage vollkommen, wenn wir auf den anderen angewiesen sind. Wenn niemand bereitsteht, den Platz von Emmely an der Kasse einzunehmen, dann wäre es ruinös, so streng zu urteilen. Tatsächlich sind wir weit nachsichtiger mit denen, die wir dringend brauchen. Ihre Fehler und kleinen Sauereien übersehen wir großzügig oder finden schnell eine plausible Erklärung. Wir *wollen* ihnen vertrauen und lassen uns daher nur schwer ausreden, dass sie vertrauenswürdig *sind*.

Die Bösen, die Hässlichen und alle anderen, die nicht so sind wie wir

Die Leute betrachten ihre Umwelt stets durch eine moralische Brille, sagt der Philosoph Joshua Knobe, der das eben erwähnte Experiment durchgeführt hat. Alles, was wir wahrnehmen, bewerten wir und teilen es ein, in gut oder böse. Dabei entgeht uns nicht, dass auch diejenigen, die wir (moralisch) gut finden, ihre

---

* Die Studie wurde von Joshua Knobe, Associate Professor in Yale, durchgeführt. Er berichtet davon in einem Diskussionsbeitrag für: «The New Science of Morality», in: John Brockman (Hrg.): *Thinking. The New Science of Decision-Making, Problem-Solving, and Prediction*. New York 2013.

Schattenseiten haben. Mit denen können wir uns aber arrangieren. Wir sind weiterhin der Überzeugung, dass sie im Grunde ganz in Ordnung sind. Wer ist denn schon ohne Fehler? Bei denen, die wir (moralisch) schlecht finden, verhält es sich genau umgekehrt: Ihnen hängen wir alles Mögliche an, was gegen sie spricht. Unterstellungen greifen wir gerne auf und ihre guten Eigenschaften lassen wir nicht gelten. Somit verstärkt unsere moralische Brille die Kontraste, indem sie die «Bösen» stark nachdunkeln lässt. Besonders deutlich zeigt sich die Wirkung der Kontrastbrille, wenn jemand in Ungnade gefallen ist. Vorher hatte er liebenswerte Schwächen, nun sind diese mit einem Mal wie weggeblasen. Es findet eine atemberaubende Umwertung statt. So als bräuchten wir eine Sondererlaubnis, um den anderen schlecht zu finden, und müssten erst noch eine innere Kommission davon überzeugen.

Dabei dürfen wir einen Aspekt nicht übersehen: Wir neigen dazu, diejenigen zu den «Guten» zu zählen, die so ähnlich sind wie wir, mit denen wir irgendwelche Gemeinsamkeiten haben. Vielleicht gehören sie der gleichen Gruppe an, tragen ähnliche Kleidung oder hören dieselbe seltsame Musik wie wir (seltsame, abseitige Musik verbindet mehr als das Zeug, das alle hören). Sobald wir den Eindruck gewinnen, dass jemand so ähnlich ist wie wir, darf er oder sie mit Milde rechnen. Sogar wenn sein Verhalten falsch, dreckig und verlogen ist, bringen wir dafür Verständnis auf. Wir finden, da kann man nicht so hart urteilen. Da muss man die Gesamtsituation …

Ganz klar, wir verteidigen und rechtfertigen nicht den anderen, wir rechtfertigen uns selbst. Und für unser Verhalten haben wir immer sehr einleuchtende Gründe parat. Unser innerer Pressesprecher hat ja keine andere Aufgabe, als sich solche Gründe auszudenken. (Sie kommen uns nur dann gerade nicht in den Sinn, wenn wir uns im Konkurrenzmodus befinden und denjenigen, der uns so ähnlich ist, aus dem Feld schlagen müssen.) Somit machen wir uns selbst zum Maßstab für die anderen. Kleine Sauereien, die wir nie begehen würden, finden wir unverzeihlich. Leute, die nicht dieselben Ausreden benutzen wie wir, begehen einen Riesenfehler. Das erkennt man schon daran, wie wir die kleinen Sauereien der anderen kommentieren: «An ihrer Stelle hätte ich niemals...», «Wenn mir das passiert wäre, dann hätte ich auf jeden Fall...» Dass jemand auf andere Art an eine Sache herangeht, dass er andere Erfahrungen, andere Vorlieben oder gar andere Normen hat als wir, können wir uns nicht vorstellen. Und deshalb finden wir, dass sich die anderen vollkommen unmöglich benehmen.

Doch bevor wir dieses Kapitel allzu zerknirscht beenden, kommt Trost von der Evolutionspsychologie. So weist Robert Kurzban im Schlusskapitel seines furiosen Buchs *Warum jeder (andere) ein Heuchler ist* darauf hin, dass diese vermeintlich schwache Nummer durchaus ihren Sinn hat.* Im Kampf um das Überleben ist es keine schlechte Strategie, die eigenen Moralvorstellungen eher flexibel zu halten. Was die anderen tun, das soll unseren eigenen Interessen dienen. Und wenn sie sich nicht daran halten, dann sollen sie nicht davonkommen, sondern bestraft werden. Evolutionär gesehen ist dies eine grandiose Erfolgsstrategie – wir müssen nur dafür sorgen, dass wir nicht erwischt werden.

---

* Kurzban: *Why Everyone (Else) is a Hypocrite* (wie Anmerkung* Seite 45), Seite 206 ff.

4.

Ein gutes Gewissen
ist ein sanftes Ruhekissen

Woran erkennt man eigentlich die Leute, die etwas auf dem Kerbholz haben? Sind die besonders zerknirscht, verunsichert oder nervös, weil sie befürchten, es könnte ihnen jemand auf die Schliche kommen? Sie haben natürlich die Kapitelüberschrift gelesen und werden als abgebrühter Menschenkenner sofort einwenden: «Oh nein, so einfach ist es nicht.» Vielleicht sagen Sie sogar: «Im Gegenteil, gerade bei denjenigen, die immer so tun, als hätten sie eine blütenweiße Weste, stapeln sich die Leichen im Keller.» Es kann natürlich sein, dass Sie mir nicht so schnell folgen wollen. Zum Beispiel weil Sie davon überzeugt sind, dass Sie sich selbst nicht das Geringste vorzuwerfen haben – zumindest im Vergleich mit den meisten Ihrer Mitmenschen. Was die so alles anstellen, Tag für Tag, darüber könnten Sie ein ganzes Buch schreiben. Ginge es aber um Ihre eigenen kleinen Sauereien, da kämen Sie über ein leeres Blatt nicht hinaus. Also bitte, wovon reden wir überhaupt?

Wir reden von Schuldgefühlen, von Gewissensbissen. Wir haben die Vorstellung, dass diejenigen, die irgendwelche Sauereien begehen, sich später schlechtfühlen, weil sie merken, was sie angerichtet haben, wenn das Vergnügen vorbei ist und sich die innere Stimme meldet, die für die Moral zuständig ist. Denn bei uns scheint es so zu sein: Wir wollen etwas tun, von dem wir ahnen, dass es nicht ganz in Ordnung ist. Und schon meldet sich unser Gewissen, um uns aufzufordern: «Lass das bleiben, das ist nicht in Ordnung.» Manchmal setzen wir uns über diese Stimme hinweg, doch egal, ob sie sich in der Situation überhaupt gemeldet hat oder stumm geblieben ist, später erhebt sie Anklage. Das kann sehr quälend sein und wir geloben: Wir werden es bestimmt nie wieder tun.

Ob wir es wieder tun oder nicht, steht auf einem anderen Blatt. Aber wir leiden zumindest – wenn alles vorüber ist und das Gewissensmodul anspringt, ein System, das ganz anders arbeitet als das Modul, das die kleine Sauerei angerichtet hat.* Das Gewissensmodul ist der Spielverderber unter den Modulen. Es hat die unangenehme Aufgabe, uns zu quälen und Leidensdruck zu erzeugen. Dadurch will es uns davon abbringen, die kleine Sauerei ein weiteres Mal zu begehen. Am liebsten würden wir sie ungeschehen machen. Aber da das nicht geht, können wir wenigstens für die nächsten Gelegenheiten vorsorgen. Darin liegt der Sinn der Gewissensbisse. Sie veranlassen uns, Pläne zu machen oder Vorkehrungen zu treffen, um in Zukunft nicht wieder so eine kleine Sauerei anzurichten. Doch es ist *eine* Sache, mit sich selbst streng ins Gericht zu gehen, und eine *andere*, in der Situation auch so zu handeln, wie man sich das vorgenommen hat. Vielleicht wird dieses verteufelte kleine Modul erneut «angetriggert». Deshalb müssen wir verhindern, dass unser verteufeltes kleines Modul uns wieder in die Quere kommt. Dafür gibt es verschiedene Methoden: solche, die halbwegs funktionieren, und solche, die uns immer tiefer in den Strudel hineinreißen.

Wer von Gewissensbissen geplagt wird, hat nicht nur das Gefühl, dass es falsch war, was er getan hat, sondern es stellt sich auch die Empfindung ein, dass er ein schlechter Mensch ist. Der

---

* Wenn Sie der Ausdruck «Modul» irritiert, dann haben Sie sicher vorgeblättert. Macht nichts, wenn Sie den Abschnitt «Ein Smartphone mit Pressesprecher» (ab Seite 43) nachlesen. Anschließend erwarte ich Sie an dieser Stelle zurück.

Trick des Gewissens besteht darin, unser Urteil über uns in den moralischen Minusbereich zu drücken, damit wir unsere Anstrengungen verstärken, um wieder ins Plus zu kommen. Und tatsächlich klappt das oft sehr gut. Gerade im Hinblick auf die kleinen Sauereien müssen wir betonen: Unser schlechtes Gewissen ist die zuverlässigste Bremse. Sie hindert uns daran, noch mehr zu mogeln, zu lügen oder zu stehlen, und bringt uns dazu, Fehler wieder gut zu machen und uns bei denen zu entschuldigen, denen wir geschadet haben. So gesehen könnte man sagen, dass man einen guten Menschen an seinem schlechten Gewissen erkennen kann.

Ganz so einfach ist es allerdings nicht. Eine Bremse macht noch keinen besseren Autofahrer und ein schlechtes Gewissen noch keinen guten Menschen. Tatsächlich treibt ihr schlechtes Gewissen manche Leute dazu, recht seltsame Dinge zu tun. Wir können nämlich aus ganz unterschiedlichen Gründen ein schlechtes Gewissen bekommen, von denen einige für Außenstehende nur schwer zu begreifen sind. So gibt es Menschen, die ein schlechtes Gewissen bekommen, wenn ihnen nicht so nette Gedanken in den Sinn kommen. Je stärker sie versuchen, ihre Gedanken abzustellen, umso häufiger tauchen sie wieder auf.* Sie schaden damit niemandem, halten das aber für einen sicheren Beleg dafür, dass sie wirklich böse sind und ihre Gedanken demnächst in die Tat umsetzen werden. Das haben sie zwar noch nie getan, aber man kann ja nie wissen.

Andere bekommen ein schlechtes Gewissen, wenn es ihnen gut geht und sie ihr Leben genießen könnten. Das ist nicht in Ordnung, finden sie, in Anbetracht der schlimmen Dinge, die sich auf

---

* Das klassische Beispiel: Versuchen Sie, nicht an einen blauen Elefanten zu denken. Es wird Ihnen nicht gelingen. Dabei haben Sie von sich aus ja keinen inneren Drang, an blaue Elefanten zu denken. Erst das Bemühen, den Gedanken zu unterdrücken, lässt ihn so hartnäckig werden. Übrigens soll es Einzelnen gelungen sein, nicht an einen blauen Elefanten zu denken. Nur haben die das gar nicht bemerkt.

der Welt sonst noch ereignen, auch wenn die schlimmen Dinge nicht besser werden, wenn sie ebenfalls leiden. Das schlechte Gewissen bremst nur den unbeschwerten Genuss, ohne etwas Gutes zu bewirken. Und das führt uns zur dritten Gruppe, die von Gewissensbissen gepeinigt wird: Menschen, die sich verpflichtet fühlen, gegen irgendeinen kolossalen Missstand anzukämpfen. Weil das trotz aller Bemühungen gar nicht gelingen kann, bohren sie sich immer tiefer in ihren quälenden Zustand hinein. Manchmal vernachlässigen sie dabei die Dinge, um die sie sich nach Ansicht von Außenstehenden viel eher kümmern sollten: Sie versuchen die Welt zu retten und vergessen die eigenen Kinder. Überhaupt dürfen wir nicht erwarten, dass ein schlechtes Gewissen die kleinen Sauereien völlig verhindert. Dazu gibt es einfach zu viele davon, und jede hat ihren ganz eigenen Reiz. Welche kleinen Sauereien wir uns erlauben, das hängt davon ab, in welchen Bereichen unser Gewissen eher schmerzfrei ist, aber auch davon, ob so ein verteufeltes kleines Modul für einen kurzen Moment an die Schalthebel unserer Seele gelangen kann.

Das Reinheitsgebot

Weil wir unser Gewissen als innere Stimme erleben, die uns daran erinnert, was moralisch richtig ist und was nicht, liegt der Schluss nahe, dass Menschen, die ein «absolut reines Gewissen» haben, um ein paar Längen anständiger sein müssten als der schuldbeladene Rest. Mit einem solchen «absolut reinen Gewissen» trat in einem denkwürdigen Moment der Fußballtrainer Christoph Daum vor die Presse, um eine Haarprobe abzugeben, die den Verdacht des Drogenmissbrauchs widerlegen sollte. «Ich tue das, weil ich ein absolut reines Gewissen habe», versicherte Daum und legte eine mächtige Betonung auf das Wort «absolut». Das machte Eindruck. Ganz gewiss auch auf Christoph Daum selbst. Nur leider erbrachte die Haaranalyse den hieb- und stichfesten Nachweis von Daums Kokainkonsum.

Was war da los? Darüber können wir nur spekulieren. Es könnte sein, dass Daum durchaus die Wahrheit sprach. Sein Gewissen war rein, absolut rein – und genau das war das Problem –, denn es hatte die Verbindung zur Realität verloren. So gesehen verließ sich Daum zu Unrecht auf sein Gewissen. Es fühlte sich gut an, also konnte er nichts Schlimmes angestellt haben, meinte er. Ein Fehlschluss, dem wir sonst eher im Umgang mit anderen aufsitzen. Wir meinen, wer keine Gewissensbisse spürt, der macht alles richtig. Tatsächlich ist es eher ein Hinweis darauf, dass er von seinem Gewissen in Ruhe gelassen wird. Bleibt das Gewissen völlig stumm, dann haben wir es nicht mit einem Heiligen zu tun, sondern vermutlich mit einem Psychopathen. Der kann sich die größten Sauereien erlauben, ohne dass es für ihn unangenehm wird.

Darin liegt der große Vorteil eines notorisch guten Gewissens: Es eröffnet uns Handlungsmöglichkeiten, die uns sonst verschlossen blieben, weil wir sie uns nie erlauben würden. So aber sind wir frei – im Sinne von skrupellos. Wir können buchstäblich über Leichen gehen und glauben noch, wir wären in Ordnung und eigentlich nur cleverer als die anderen. Das Fatale ist, dass uns die anderen dabei oftmals auf den Leim gehen, da wir mit unserem reinen Gewissen so überzeugend wirken. Das bestärkt uns noch in dem Glauben, alles richtig zu machen, und hebt unser Selbstbewusstsein. Wir fühlen uns großartig und wirken auf unser Umfeld stark und moralisch gefestigt. Solange die kleinen (und großen) Sauereien nicht ans Tageslicht kommen, profitieren wir davon, mit einem Gewissen ausgestattet zu sein, das einen nicht ständig behelligt. Oder vielmehr: überhaupt nicht. Solche Menschen können rein taktisch darüber nachdenken, wo ihr Vorteil liegt, was bei den anderen gut ankommt und wie sie ihre kleinen Sauereien am besten verstecken können. Sie haben keine moralische Bremse, keine inneren Leitplanken, in denen sie sich bewegen. Sie sind zu allem imstande – das macht sie so gefährlich. Dabei streben wir alle danach, mit uns im Reinen zu sein. Nur macht es unser Gewissen uns unterschiedlich schwer, diesen Zustand zu erreichen. Das liegt zum einen daran, dass es unterschiedlich stark auf unsere Verfehlungen und kleinen Sauereien reagiert, wie wir gesehen haben. Zum anderen gibt es aber auch unterschiedliche Methoden, wieder mit sich ins Reine zu kommen. Und denen wenden wir uns jetzt zu.

Sich selbst bestrafen

Ein Freund von mir pflegte ein ganz eigenes Ritual: Immer wenn er am Abend ein wenig zu viel getrunken hatte, machte er sich am nächsten Morgen möglichst früh auf, um einige Kilometer zu joggen. Nun ist Laufen gesund und vielleicht nicht das schlechteste Mittel, um einen Kater zu vertreiben. Doch ihm ging es um etwas anderes. «Straflauf» nannte er seine Runden durch den Stadtpark. Sie sollten ihn nicht wieder in Schwung bringen, sondern quälen. Man kann darin eine milde Form der Selbstkasteiung sehen, die in vielen Kulturen praktiziert wird. Bei den alten Ägyptern, bei den Römern und ganz besonders natürlich im Christentum. Im ausgehenden Mittelalter zogen Flagellanten durch die Städte und geißelten sich selbst. Was enormen Eindruck machte. Fromme Christen trugen ein Büßerhemd oder einen Bußgürtel, eine Kette aus Metall, die um den nackten Oberschenkel getragen wurde, mit Dornen besetzt war und dadurch schlimme Schmerzen verursachte, wenn man sich setzte. Dahinter steckt die Vorstellung, dass wir bessere Menschen werden, wenn wir Verzicht leisten, fasten, Demütigungen und Schmerz erdulden.

Ein paar Nummern kleiner begegnet uns dieses Phänomen auch in unserem Alltag. Wenn Sie sich umschauen, dann entdecken Sie vielleicht in Ihrem Umfeld die eine oder andere Form der Selbstkasteiung: Frauen, die auf leckere Nachspeisen verzichten, weil sie zuvor durch Zufuhr kalorienhaltiger Speisen «gesündigt» haben. Männer, die sich in «romantische Komödien» schleifen lassen, um Fehlverhalten in der Beziehung abzubüßen. Kinder, die ihr Spielzeug zerstören, nachdem sie etwas ausgefressen haben. Doch welchen Sinn hat das Ganze? Bestrafen wir uns, um uns das Vergnügen an den kleinen Sauereien auszutreiben? Wollen wir uns selbst konditionieren? Vielmehr dürfte es genau andersherum sein: Wir bestrafen uns selbst, um unser Gewissen zu beruhigen. Da dies uns von innen quält, quälen wir uns nun von außen. Wir bestrafen uns gewissermaßen im Auftrag unseres Gewissens. Damit ist der Fall dann hoffentlich erledigt.

In der Psychologie spricht man hierbei vom «Dobby-Effekt»,* benannt nach einer Figur aus den Harry-Potter-Romanen: Dem Haus-Elf Dobby, der seinen Kopf gegen die Wand schlägt, sich selbst ohrfeigt oder absichtlich mit dem Bügeleisen verbrennt, wenn er etwas falsch gemacht hat. Diese Neigung zur Selbstbestrafung gibt es nicht nur unter wunderlichen Fabelwesen, sondern sie ist auch unter Menschen weit verbreitet. Das konnten die Psychologen gleich mehrmals im Labor nachweisen. So verabreichten sich Versuchspersonen, die sich an ein Ereignis erinnern sollten, in dem sie Schuld auf sich geladen hatten, stärkere Elektroschocks als die Teilnehmer, die über ein trauriges oder ein neutrales Ereignis nachdenken sollten.** Dabei zeigte sich: Je höher die Dosis war, die sie wählten, desto mehr fühlten sie sich von ihren Schuldgefühlen entlastet. Allerdings war dieser Zusammenhang den Teilnehmern überhaupt nicht bewusst. Über die Ursache für diesen «moralischen Masochismus» darf wild spekuliert werden. Liegt es an unserer Erziehung? Erhoffen wir uns Entlastung von unseren Schuldgefühlen, weil wir von unseren Eltern bestraft wurden, wenn wir etwas angestellt hatten, und danach alles wieder gut war? Oder haben wir das Bedürfnis,

---

* Auch in der Mode gibt es einen «Dobby-Effekt». Damit ist jedoch ein bestimmtes Webmuster gemeint, das mit Selbstbestrafung gar nichts zu tun hat.

** Yoel Inbar, David Pizarro, Thomas Gilovich, Dan Ariely: «Moral Masochims. On the Connection Between Guilt and Self-Punishment», in: *Emotion*, Nr. 13, 2013, Seite 13–18. Abrufbar auf der Homepage von Yoel Inbar: www.yoelinbar.net.

für einen Ausgleich zu sorgen und zu leiden, weil wir jemand anderem Leid zugefügt haben? Der Sozialpsychologe Yoel Inbar hält die Selbstbestrafung jedenfalls für keine besonders hilfreiche Form, sein schlechtes Gewissen zu entlasten. Denn damit vergrößern wir eigentlich nur das Leiden, ohne etwas Erfreuliches zu bewirken.*

Wiedergutmachung

So soll es eigentlich sein: Unser Gewissen lässt uns nicht in Ruhe, weil wir etwas getan haben, das nicht in Ordnung war. Daraufhin machen wir die Sache wieder gut. Wir übernehmen die Verantwortung, ersetzen den entstandenen Schaden und bitten diejenigen um Entschuldigung, die wir gekränkt haben. Durch solche Akte der Wiedergutmachung entlasten wir nicht nur unser Gewissen, sondern tun auch etwas für andere, wir leisten etwas Positives. So kann aus einer kleinen Sauerei im Zuge der Wiedergutmachung eine große Wohltat werden. Aus diesem Grund gelten Gewissensbisse und Schuldgefühle als «sozialer Kitt», der unsere Gesellschaft zusammenhält. Wir helfen und unterstützen uns gegenseitig, nicht nur weil wir auf Kooperation geeicht sind, sondern auch weil wir einander etwas «schuldig» sind.

Allerdings hat dieses Bemühen nicht immer nur erfreuliche Folgen, wie eine holländische Forschergruppe um Ilona de Hooge und Rob Nelissen herausgefunden hat.** Denn die Wiedergutma-

---

* Yoel Inbar im Gespräch mit Dan Ariely in dessen hörenswerten Podcast «Arming the Donkeys» vom 19. November 2012. Abrufbar unter: https://itunes.apple.com/us/itunes-u/gluttons-for-self-punishment.
** Vgl. Ilona de Hooge, Rob Nelissen, Seger Breugelmans und Marcel Zeelenberg: «What Is Moral about Guilt? Acting ‹Prosocially› at the Expense of Others», in: *Journal of Personality and Social Psychology*, Band 100 (3), 2011, Seite 462–473. Abrufbar unter: https://pure.uvt.nl/portal/files/1263288/zeelenberg_guilt.pdf.

chung kann durchaus auf Kosten von anderen geschehen, denen wir uns weniger verbunden fühlen. Wir konzentrieren uns vollkommen auf das Opfer und übersehen dabei, dass wir auch anderen gegenüber verpflichtet sind und unsere Wiedergutmachung Nachteile für sie mit sich bringt. «Schuldgefühle können dazu führen, dass wir mehr in die Beziehung zu dem Opfer investieren; aber wir lassen einen anderen den Preis dafür bezahlen», schreiben die Wissenschaftler.* Diesen Effekt haben sie in mehreren Experimenten nachweisen können. Die Teilnehmer bekamen 50 Euro, die sie nach eigenem Gusto aufteilen konnten: Wie viel gaben sie jemandem, dem gegenüber sie Schuld empfanden? Wie viel bekam ein anderer? Wie viel behielten sie für sich? Es zeigte sich, dass den Löwenanteil meist das Opfer bekam. Allerdings auf Kosten des Dritten, der nun weniger erhielt. Die Summe, die die Teilnehmer für sich selbst vorgesehen hatten, unterschied sich nicht von der Kontrollgruppe, in der die 50 Euro einfach unter drei Parteien aufgeteilt werden sollte (zwei andere und der Teilnehmer selbst). Und noch etwas konnten die holländischen Forscher zeigen: Dass die Teilnehmer die unbeteiligten Dritten schlechter behandelten, führte keineswegs dazu, dass sie Schuldgefühle ihnen gegenüber empfanden. Wahrscheinlich weil es für ihre Benachteiligung ein edles Motiv gab, nämlich das Opfer zu entschädigen. Da müssen andere schon mal zurückstecken. Daraus können wir schlussfolgern, dass diejenigen mit einer Vorzugsbehandlung rechnen dürfen, denen es gelingt, bei anderen Schuldgefühle hervorzurufen, während alle anderen das Nachsehen haben.

Allerdings gibt es sehr unterschiedliche Vorstellungen darüber, wie eine Wiedergutmachung auszusehen hat. Es kann durchaus vorkommen, dass wir meinen, dem anderen sehr weit entgegenzukommen, doch der ist ganz anderer Ansicht und denkt gar nicht daran, sich mit uns zu versöhnen. Der nimmt uns noch

* De Hooge, Nelissen, Breugelmans, Zeelenberg: «What Is Moral about Guilt? (wie Anmerkung** Seite 72), Seite 463 (Übersetzung von mir).

immer übel, was wir ihm angetan haben, verlangt Unmögliches, bevor er uns auch nur die Hand reicht, oder er stellt sich völlig quer. Aus Sicht des Opfers vergrößern manche Übeltäter ihre Vergehen noch, indem sie auf etwas schäbige Art und Weise versuchen, Versöhnung herzustellen. «Falls sich irgendjemand durch meine Äußerung beleidigt fühlen sollte, bitte ich um Entschuldigung», ringt sich jemand mit äußerstem Widerstreben ab. Solche Worte machen die Kränkung nicht wieder gut, sie vergrößern sie sogar noch, da sie den Beleidigten für die Beleidigung verantwortlich machen: Er oder sie *fühlt* sich beleidigt. In dieser Angelegenheit sind wir als Übeltäter unsere eigenen Richter. Falls wir meinen, wir hätten uns um Wiedergutmachung bemüht, so ist das völlig ausreichend, um das Gewissen zu beruhigen. Natürlich ist es noch besser, wenn sich der andere mit uns versöhnt, aber wenn es nicht dazu kommt, dann erteilen wir uns trotzdem die Absolution. Immerhin haben wir uns bemüht.

Etwas Gutes tun

Nicht immer können wir uns versöhnen, indem wir um Verzeihung bitten und den Schaden wieder gutmachen. Vielleicht ist die Beziehung zum anderen völlig ruiniert, das Tischtuch zerschnitten, wir kommen gar nicht mehr an ihn heran. Manchmal ist es auch zu peinlich, die kleine Sauerei zuzugeben, oder wir riskieren unseren Job oder unsere Beziehung, wenn die Sache herauskommt. Aber auch dann lässt sich das schlechte Gewissen besänftigen. Wenn wir nämlich etwas Gutes tun. Für andere, für gänzlich Unbeteiligte – Hauptsache, wir können zeigen, dass wir nicht nur kalt und eigennützig sind. Solche Ausgleichshandlungen sind zwar immer nur zweite Wahl, aber sie haben ihre Wirkung. Für das Opfer allerdings sind diese guten Taten oft kaum zu ertragen. Es ahnt, dass sich der Übeltäter reinwaschen will und die eigenen Ansprüche auf Wiedergutmachung dahinschmelzen. Besonders demütigend ist es, wenn sich die Nutznießer der Wohltaten auf die Seite desjenigen stellen, der eigentlich reumütig angekrochen kommen müsste. Denn so etwas entlastet sein Gewissen zusätzlich.

Es ist sogar noch schlimmer: Wer Gutes tut, der kann damit schon ein wenig vorbauen und Gewissensbisse abmildern, die noch gar nicht aufgetreten sind. Denn wenn wir etwas Gutes tun, dann sind wir mit uns rundum zufrieden. Und wenn wir mit uns im Reinen sind, dann neigen wir nicht gerade dazu, uns besonders moralisch zu verhalten. In solchen Gefühlszuständen erteilen wir uns eher «die Erlaubnis zu betrügen».[*]

Nina Mazar und Chen-Bo Zhong haben untersucht, wie sich Menschen verhalten, die umweltfreundliche Produkte kaufen und sich daher anderen moralisch überlegen fühlen.[**] Die Forscher ließen sie an einem Spiel teilnehmen, bei dem sie allerlei Aufgaben lösen mussten und je nach Anzahl der korrekten Lösungen mehr oder weniger Geld bekamen. Das Entscheidende war jedoch, dass die Teilnehmer gefahrlos schummeln konnten. Sie mussten angeben, wie viele Aufgaben sie gelöst hatten – nachdem sie ihr Aufgabenblatt geschreddert hatten. Und da zeigte sich: Wer zuvor umweltbewusst eingekauft hatte, schummelte mehr als diejenigen, die das nicht getan hatten. Dabei trat dieser Effekt nur auf, wenn die Leute die Produkte wirklich kaufen konnten (nicht nur weil sie sich um die Umwelt sorgten, sondern weil diese Produkte teurer sind als die konventionellen). In einer Kontrollstudie *zeigten* die Wissenschaftler den Teilnehmern nur die grünen Produkte. Sie konnten sie nicht

---

[*] «License to cheat», so der Titel eines Gesprächs zwischen Dan Ariely und Nina Mazar über die Experimente, von denen gleich noch die Rede ist. In Arielys Podcast «Arming the Donkeys» vom 26.11.2012. Abrufbar unter: https://itunes.apple.com/us/itunes-u/license-to-cheat.

[**] Nina Mazar, Chen-Bo Zhong: «Do Green Products Make Us Better People?», in: *Psychological Science*, Band 21 (4), 2010, Seite 494–498. Abrufbar unter: http://www.rotman.utoronto.ca/FacultyAndResearch/Faculty/FacultyBios/Mazar.aspx.

kaufen, sondern wurden nur auf das Thema Umweltschutz aufmerksam gemacht. In diesem Fall schummelten die Teilnehmer *weniger*. Denn beim umweltfreundlichen Einkaufen handelt es sich um ein Thema, das moralisch aufgeladen ist. Wir denken an die grundehrlichen Biobauern, die fair gehandelten Kaffeebohnen, die glücklichen Freilandhühner, die gesundgeschrumpelten Äpfel von der Streuobstwiese.* Wenn all diese Menschen so anständig sind, um zur Rettung unseres Planeten beizutragen, dann macht es sich gar nicht gut, wenn wir uns ein bisschen Kleingeld ergaunern.

Händewaschen

Es gibt noch weitere, erstaunliche Methoden, mit seinem Gewissen wieder ins Reine zu kommen. Vielfach sind sie uns gar nicht bewusst, und doch machen wir von ihnen Gebrauch. Am verblüffendsten ist vielleicht das Händewaschen. Wir kennen es aus der Bibel, in der Pontius Pilatus seine Hände in Unschuld wäscht, bevor er Jesus kreuzigen lässt. Er tut dies in aller Öffentlichkeit, um zu zeigen: Ich mache mir nicht die Hände schmutzig, ich bin nicht schuld, was jetzt passiert. Bei Shakespeare ist die Verbindung zwischen dem Händewaschen und der Gewissensreinigung noch deutlicher zu sehen: Im Drama Macbeth ist es Lady Macbeth, die ihren Mann dazu anstachelt, König Duncan zu töten. Nach dem Mord irrt sie durch das Schloss, wäscht sich immer wieder die Hände, an denen in ihrer Vorstellung Blut klebt. «Wie, wollen diese Hände niemals rein werden?», spricht sie zu sich selbst. «Das riecht immer noch nach Blut. Alle Gewürze Arabiens können diese kleine Hand nicht anders riechen machen.»

Was Lady Macbeth nicht gelingt, das funktioniert bei kleinen Sauereien offenbar besser. Die Verhaltensforscher Katie Liljen-

---

* Seit grüne Produkte boomen, mogelt die Biobranche ebenfalls, dass es kracht. Vgl. Christiane Grefe: «Dunkelgrün», in: *Die Zeit* vom 22. Mai 2014, Seite 35 f.

quist und Chen-Bo Zhong (der Ihnen bereits begegnet ist, wenn Sie aufmerksam die Fußnoten lesen) führten dazu eine Reihe von Experimenten durch, die diesen Schluss nahelegen.[*] Sie brachten eine Hälfte der Versuchspersonen dazu, Gewissensbisse zu empfinden. (Sie sollten sich an eine unmoralische Handlung erinnern, die sie selbst begangen hatten.) Dann sollten sie Wortfragmente ergänzen. Das Ergebnis: Die mit dem schlechten Gewissen neigten viel stärker als die Vergleichsgruppe dazu, Begriffe zu wählen, die mit körperlicher Reinigung zu tun hatten wie Waschen, Seife oder Dusche.

In einem anderen Experiment sollten alle Teilnehmer eine eigene böse Tat schildern und den Text auf einem Computer schreiben. Die eine Hälfte sollte sich anschließend mit einem Feuchttuch die Hände reinigen, mit der Begründung, die Tastatur sei verunreinigt gewesen. Die andere Hälfte bekam weder diese Information, noch das Feuchttuch. Damit schien das Experiment beendet. Dann tauchte ein Student auf, der die Versuchspersonen bat, ohne Bezahlung an einem anderen Experiment teilzunehmen, auf das er dringend angewiesen sei. Fast drei Viertel der «ungewaschenen» Teilnehmer war dazu bereit, ihm zu helfen – jedoch nur 40 Prozent von denen, die sich die Hände gereinigt hatten. Zhong und Liljenquist zogen daraus den Schluss, dass bei der zweiten Gruppe das Gewissen schon wieder so weit «gereinigt» war, dass ihre Hilfsbereitschaft auf Normalniveau absackte. Obwohl Lady Macbeth ihre Schuldgefühle durch das obsessive Händewaschen ja gerade nicht losgeworden war, nannten die Wissenschaftler ihre Entdeckung den «Lady-Macbeth-Effekt».

Es gibt allerdings noch weitere Methoden, lästige Gewissensbisse loszuwerden. So gehen manche dem Leidtragenden ihrer kleinen Sauerei einfach aus dem Weg, weil jede Begegnung sie an ihr Fehlverhalten erinnern würde. Haben sie den anderen nicht

---

[*] Chen-Bo Zhong, Katie Liljenquist: «Washing Away Your Sins. Threatened Morality and Physical Cleansing», in: *Science* vom 8. September 2006, Band 313, Nr. 5792, Seite 1451 f.

mehr vor Augen, beschäftigen sie sich mit anderen Dingen und ihr Gewissen lässt sie irgendwann in Ruhe. Die Schuldgefühle schlafen schlicht ein. Sehr beliebt ist es auch, das eigene Gewissen zu entlasten, indem man dem Opfer im Laufe der Zeit mehr und mehr Schuld zuschiebt. Dieses Verfahren kommt vor allem zum Einsatz, wenn man sich mit dem anderen nicht versöhnen kann – oder will –, und man auch nicht mit guten Taten zu punkten vermag. Dann sind wir sehr geschickt darin, unsere Erinnerungen umzuschreiben. Wir stellen fest, der andere sei unglaublich naiv gewesen. Er hätte doch wissen müssen, dass wir ihm nicht die ganze Wahrheit erzählen würden bzw. dass wir diese Gelegenheit ausnutzen mussten. Vielleicht entdecken wir irgendwann, dass wir ihn gar nicht reingelegt, sondern ihm einen Gefallen getan haben. Er kann uns eigentlich dankbar sein, denn wir haben ihm eine Lehre erteilt. Wenn er an jemand anderen geraten wäre, dann: Gute Nacht! Aber so ist er vorbereitet und fällt das nächste Mal nicht darauf herein. Oder wir erinnern uns, dass wir uns ja überhaupt nur revanchiert haben. Er ist ja, weiß Gott, kein Unschuldslamm. Auch wenn er uns niemals geschadet hat, dann vielleicht einem unserer Freunde, oder einem armen, hilflosen Kollegen. Dass der so etwas gemacht hat! Da war es einfach mal fällig, ihm eine Lehre zu erteilen. Von hier aus ist es nur noch ein kleiner Schritt zur miesesten Variante: Man setzt auf die erste kleine Sauerei noch eine zweite drauf und erklärt, der andere habe es nicht besser verdient. Denn sonst sind wir ja zu allen nett und freundlich. Aber der hier? Der gehört eben nicht dazu.

Das Gewissen antriggern

Wir handeln also am ehesten moralisch gut, wenn wir ein schlechtes Gewissen haben. Haben wir ein gutes Gewissen, sind wir hingegen anfällig für die kleinen Sauereien. Zugleich streben wir danach, uns ein gutes Gewissen zu verschaffen. Das erreichen wir, indem wir uns für unsere kleinen Sauereien bestrafen, Wiedergutmachung leisten, Gutes tun oder auf anderen krummen Wegen. Das Erstaunliche ist jedoch, dass wir dann nichts Besseres zu tun haben, als uns sogleich zu erlauben, die nächste kleine Sauerei anzurichten. Kurz gesagt, wir handeln gut, um später ein bisschen böse sein zu dürfen. Und doch ist es wiederum erstaunlich, wie leicht sich zumindest milde Schuldgefühle wachkitzeln lassen. Rufen Sie sich einfach in Erinnerung, wie Sie jemanden im Stich gelassen, belogen, ausgetrickst, verletzt oder enttäuscht haben. Man könnte annehmen, diese Taten hätten wir längst abgehakt. Aber nein, sogar wenn wir glauben, wir hätten den Vorfall vergessen, liegt er in unserem Gedächtniskeller bereit, um wachgekitzelt und ins Schaufenster unseres Bewusstseins geholt zu werden, uns zu moralisch guten Handlungen zu veranlassen und uns von weiteren kleinen Sauereien abzuhalten.

Da liegt die Versuchung nahe, bei unseren Mitmenschen diesen magischen Kippschalter zu betätigen und sie durch ein wenig Erinnerungsarbeit etwas moralischer zu machen. Allerdings gibt es da einen gewaltigen Haken: Kaum jemand mag es, wenn sein schlechtes Gewissen aus dem Tiefschlaf erwacht und ihn seine Schuldgefühle in den Würgegriff nehmen. Wir brauchen also einen guten Anlass, wenn wir diesen Zug machen wollen. Andererseits kann manchmal schon eine beiläufige Bemerkung Wunder bewirken.

Eine andere Methode, das Gewissen anzutriggern, hat Dan Ariely, der «Godfather der Mogelforschung», beschrieben: Wir thematisieren ethische Verhaltensregeln – und schon übernimmt das zuständige Modul die Regie. Ariely führte das gleiche Experiment durch, das wir schon im Abschnitt «Etwas Gutes tun» beschrieben haben*. Die Teilnehmer sollten Aufgaben lösen, für die sie Geld bekamen; sie konnten gefahrlos schummeln und ihr Ergebnis hemmungslos übertreiben. Vorher bat Ariely jedoch die eine Hälfte, zehn Bücher aufzuschreiben, die sie gelesen hatten. Die andere Hälfte sollte die zehn Gebote notieren (soweit erinnerlich). Das erstaunliche Ergebnis: Von der zweiten Gruppe schummelte kein einziger, völlig unabhängig davon, an wie viele Gebote sie sich erinnerten oder ob sie überhaupt religiös waren. Das brachte Ariely dazu, die Teilnehmer vor dem nächsten Experiment eine Erklärung unterschreiben zu lassen: «Mir ist bewusst, dass diese Studie unter den MIT-Ehrenkodex fällt.» Wieder mogelte kein einziger Teilnehmer, was umso bemerkenswerter ist, weil es einen solchen Ehrenkodex gar nicht gibt. Wir wissen also auch ohne Kodex, wo die kleinen Sauereien anfangen und wie wir uns moralisch verhalten sollen.

---

* Soweit ich das nachverfolgen kann, ist es Ariely gewesen, der sich dieses Experiment ausgedacht und nach und nach verfeinert hat. Auf die hier erwähnten Experimente ist Ariely vielfach eingegangen. Unter anderem in: Dan Ariely: *Die halbe Wahrheit ist die beste Lüge. Wie wir andere täuschen – und uns selbst am meisten.* München 2012. Kurz und bündig berichtet Ariely in dem sehenswerten TED-Talk von den Experimenten: «Our buggy moral code», abrufbar unter: www.ted.com.

5.

Kleine Sauereien im Beruf

Wie ist das bei Ihnen? Verhalten Sie sich im Beruf anders als im Privatleben? Strenger, korrekter, gewandter, taktierender? Und wenn wir von den kleinen Sauereien sprechen: Halten Sie sich für anfälliger, dort zu mogeln? Oder heben Sie sich die kleinen Sauereien lieber für Ihre Freizeit auf? Diese Fragen sind gar nicht so leicht zu beantworten, zumal unverzüglich unser innerer Pressesprecher auf den Plan tritt, um uns weiszumachen, dass wir hier wie dort mit einer ziemlich weißen Weste herumspazieren.

Nach meiner eigenen Einschätzung wiegen die kleinen Sauereien im Beruf alle anderen doppelt und dreifach auf. Das liegt zum einen daran, dass es so viele Normen gibt, gegen die man verstoßen kann, ja häufig sogar verstoßen muss, um im Arbeitsleben auch nur ein Bein auf die Erde zu bekommen. Zum anderen gibt es für die kleinen Sauereien im Beruf auch immer eine gute Begründung. Wir alle müssen unser Geld verdienen und sehen, wo wir bleiben. Wir müssen uns anpassen und können nicht immer das tun, was wir persönlich für richtig halten. Von uns werden kleine Sauereien erwartet, und so erledigen wir sie still und diskret. Andere tragen dafür die Verantwortung. Unsere Vorgesetzten zum Beispiel. Auch wenn die manchmal keine Ahnung haben oder haben wollen, was sich hinter den Kulissen abspielt.

Es gibt sogar Berufe, die *bestehen* im Wesentlichen aus kleinen Sauereien. Es wird jemand benötigt, der «die Drecksarbeit» macht, der vorsätzlich lügt, den Leuten ungesunde Dinge andreht und ihre Schwächen oder Ahnungslosigkeit ausnutzt. Wer so einen Beruf ausübt, hat dafür seine Gründe: Es dient letztlich einem respektablen Zweck – oder man verdient damit gutes Geld. Und wenn wir es nicht tun, macht es jemand anderes.

Eine Variante davon finden wir in Berufen, in denen die kleinen Sauereien dazu dienen, sinnvolle Dinge zu ermöglichen. Ein Pressefotograf hat mir erzählt, dass er mit ziemlich hinterhältigen Schnappschüssen ausreichend Geld verdient, um sich interessanten, aber schlecht bezahlten Projekten widmen zu können. Prominente mit der Kamera zu verfolgen, findet er lächerlich, aber so ist das Geschäft. Mit dieser Einschätzung steht er bestimmt nicht alleine da. Überhaupt ist es bemerkenswert, dass die dummen, kleinen Sauereien oftmals so viel mehr Geld einbringen als alles, was die Betreffenden selbst für wesentlich und wertvoll halten.

Erstaunlich viele kleine Sauereien haben irgendeinen Bezug zum Berufsleben. Das gilt sogar für die kleinen Sauereien im Straßenverkehr, denn die unterlaufen uns ja vor allem auf dem Weg zur oder von der Arbeit, weil wir pünktlich sein müssen – oder schnell wieder weg wollen. Da zählt einfach jede Minute. Und schließlich ist es der Beruf, der uns lehrt, professionell mit den kleinen Sauereien umzugehen. Im Privatleben bleiben die meisten von uns hingegen Amateure, die versuchen, mit ihren immer gleichen Standardtricks durchzukommen. Doch zu denen kommen wir noch.

Angenehme Abkürzungen und süße Sonderrechte

Nach und nach finden wir heraus, was wir uns erlauben dürfen, was geduldet wird und wann wir Ärger bekommen. Wir durchschauen die Kontrollen und reimen uns zusammen, wie wir sie unterlaufen könnten. Das heißt keineswegs, dass wir das auch tun. Vielmehr nehmen wir ganz unwillkürlich auf, wie das hier mit der Einhaltung der Normen läuft.

Irgendwann versuchen wir uns die Arbeit zu erleichtern, indem wir ein bisschen vom offiziellen Kurs abweichen. Wir nehmen Abkürzungen, halten Dienstwege nicht ein, füllen Formulare nicht aus und fragen nicht noch einmal nach, weil das die Sache nur in die Länge ziehen würde und die Verantwortlichen sowieso nicht zu sprechen sind. Wir benutzen Hilfsmittel, die eigentlich nicht vorgesehen sind, und übertragen die Aufgabe unserer Praktikantin, die das schon hinbekommen wird. Immerhin schauen wir ja noch einmal drüber. Wenn wir gerade Zeit haben.

Wir richten uns ein und machen uns die Arbeit bequemer. Vielleicht helfen wir auch unseren Kollegen, die ebenfalls Mittel und Wege gefunden haben, die beschwerlichen Regeln zu umgehen. So etwas verbindet weit stärker, als wenn alle brav die vorgeschriebenen Pfade abschreiten. Die kleinen Übertretungen schaffen ein stilles Einvernehmen und sind aus einem gut geführten Unternehmen einfach nicht wegzudenken. Sie werden geduldet, solange sie nicht auffliegen. Man darf sich nur nicht erwischen lassen. Und wird man erwischt, so steht oft eine Reihe von bewährten Ausreden, Rechtfertigungen und respektierten Vertuschungsversuchen zu Verfügung: Wir haben etwas missverstanden, in der Hektik verwechselt oder keiner kann sich mehr daran erinnern, wer was wie und wann getan hat, aber es wird nie wieder vorkommen. Die Vorgesetzten haben die verantwortungsvolle Aufgabe, diese kleinen Sauereien nicht zu bemerken – und doch irgendwie über sie Bescheid zu wissen, aber auch nicht zu genau, denn dann würden sie zu Mitwissern und somit in die Sache hineingezogen. Das darf nicht passieren. Denn sie müssen in der Lage sein, den Regelverstoß zu ahnden, wenn er allzu offensichtlich stattfindet.

Ein wenig anders liegt der Fall bei den Sonderrechten. Ihre Verbindung zu den kleinen Sauereien besteht darin, dass hier

mit zweierlei Maß gemessen wird. Jemand darf völlig unbehelligt gegen eine Norm verstoßen, die eigentlich auch für ihn gelten müsste. Tut sie aber nicht. Und genau das ist das Beglückende daran (oder auch Demütigende – je nach Perspektive). So etwas hebt das Selbstwertgefühl ungemein, sogar bei ganz läppischen Sonderrechten. Stellen Sie sich vor, Ihre Kollegen dürfen während der Arbeitszeit nicht privat im Internet surfen, doch Sie machen das einfach, ganz offensichtlich, und niemand beklagt sich. Sie halten sich nicht an den Dresscode, pfeifen auf die Krawatte in der Firmenfarbe, die jeder tragen muss, überziehen ihre Mittagspause oder essen am Arbeitsplatz. Sie dürfen das eigentlich auch nicht, das ist die Voraussetzung. Eine offizielle Erlaubnis, ohne Einschränkung zu surfen oder nach Belieben sein Mittagsmahl einzunehmen, würde den ganzen Effekt zunichtemachen. Es geht um den Verstoß, der nicht geahndet wird, weil Sie es sind – Sie und kein anderer. Und warum dürfen Sie das und die anderen nicht? Weil Sie ein eigenwilliger Dickkopf sind und man es sich mit Ihnen nicht verderben will. Würde Sie jemand zurechtweisen, hätte das unangenehme Folgen. Vielleicht reagieren Sie zornig oder sind eingeschnappt. Und wenn Sie letztlich doch machen, was Sie wollen? Dann steht die Autorität Ihres Vorgesetzten auf dem Spiel. Das will er wegen dieser Lappalie nicht riskieren. Sollen Sie halt in Ruhe Ihre privaten E-Mails schreiben. Wenn Sie darin ein Eingeständnis erblicken, dass man auf Sie angewiesen ist, dann haben Sie den Nagel auf den Kopf getroffen.

Allerdings hat die Sache wie immer eine Kehrseite. So tendieren wir dazu, den Bogen zu überspannen, wenn uns niemand mehr bei einem Regelverstoß auf die Finger haut. Die Folge ist, dass es irgendwann dann doch geschieht, aber erst wenn die kleine Sauerei schon etwas größer geworden ist. Das kann sehr unangenehm werden, weil mit einem Mal jedem auffällt, was wir uns alles herausgenommen haben. Regelrecht demütigend wird es, wenn wir von heute auf morgen unsere Sonderrechte verlieren. Vorher durften wir uns wie ein kleiner König fühlen, als jemand, der mehr Respekt und Anerkennung genießt als die anderen. Nun werden wir nicht nur von unserem kleinen Thron gestoßen, sondern – was viel schlimmer ist – auch noch vorgeführt. Wir sinken tiefer als diejenigen, die jeden Morgen brav die Krawatte in der Firmenfarbe anlegen.

Die Konkurrenz schläft nicht

Schon klar, Wettbewerb muss sein. Das fällt uns immer dann auf, wenn er fehlt: Leute, die sich keinem Wettbewerb stellen müssen, sind bequem, unfähig und glauben, sie könnten sich alles erlauben. Wer hingegen im Wettbewerb steht, ist gefordert und muss etwas leisten, damit am Ende der Beste gewinnt. So sollte es sein. So ist es häufig aber nicht. Ehrlich gesagt gibt es kaum einen wärmeren Brutkasten für kleine Sauereien als den Wettbewerb. Warum denn das? Wird nicht der bestraft, der mogelt, der die Regeln nicht einhält? Manchmal schon, manchmal aber auch nicht. Manchmal wird er sogar belohnt. Oft gibt es ja nur einen Verdacht. Ob alles mit rechten Dingen zugeht, wissen wir häufig nicht. Aber zutrauen würden wir es dem anderen schon. Und damit haben wir die entscheidende Starthilfe genannt, die im Konkurrenzkampf dazu führt, dass die kleinen Sauereien in Gang kommen. Es ist die Vermutung, selbst benachteiligt zu werden. Wären wir davon überzeugt, der Wettbewerb sei fair und Verstöße würden konsequent geahndet, ja, dann würden wir alle auf diese kleinen miesen Tricks verzichten. Tatsächlich gibt es solche Wettbewerbe, bei denen alles ganz friedlich, freundlich und fair zugeht. Das sind gewöhnlich die, bei denen es um nichts geht – außer darum, sich friedlich, freundlich und fair zu benehmen. (Woran jedoch manche ehrgeizzerfressenen Senkrechtstarter bereits scheitern.) Irgendwann kommen wir dahinter, dass diejenigen, die im Wettbewerb die Nase vorn haben, nicht unbedingt die Besten sind, sondern diejenigen, die am geschicktesten schummeln. «Eigentlich gewinnt immer der, der sich nicht an die Spielregeln hält», soll schon Angela Merkel geklagt haben.*

Natürlich würden wir gerne fair spielen, aber wenn die anderen die Regeln verletzen oder mit versteckten Fouls arbeiten und es niemanden gibt, der das ahndet, haben wir die Wahl: entweder mit unserem Fairplay untergehen oder mitziehen und im Spiel bleiben. Zugegeben, es gibt Leute, die im Zweifelsfall das Untergehen bevorzugen, doch bei allen anderen springt spätestens an dieser Stelle das Wettbewerbsmodul an. In diesem Modul sind wir nicht so locker und entspannt, sondern uns interessiert nur die Frage, wie wir es schaffen, uns gegenüber dieser schmutzigen Konkurrenz zu behaupten. Lautet die Antwort: Du musst ebenfalls die Regeln brechen, dann machen wir genau das. Solche kleinen Sauereien begehen wir meist mit ziemlich reinem Gewissen. Wir fühlen uns nicht so richtig verantwortlich, denn es sind ja die anderen, die als erste die rote Linie überschritten haben. Vielleicht haben wir es sogar noch einmal im Guten versucht und sind gescheitert. Niemand hat uns bei unserem Versuch, anständig zu bleiben, unterstützt. Jetzt müssen wir uns selbst helfen. Unsere kleinen Sauereien sind so gesehen nur Akte ausgleichender Gerechtigkeit. Zusätzliche Entlastung verspüren wir, wenn es Leute gibt, die noch viel schlimmere Dinge anrichten als wir. Und solche Leute gibt es eigentlich immer – und wenn sie nur in unserer Vorstellung existieren. Dummerweise haben unsere Konkurrenten ganz ähnliche Gedanken und machen wiederum *uns* dafür verantwortlich, dass der Wettbewerb aus dem Ruder gelaufen ist.

---

*   Diese viel zitierten Worte soll sie 1995 gegenüber der Fotografin Herlinde Koelbl geäußert haben. Da sie Umweltministerin unter Helmut Kohl und stand eher nicht in Verdacht, mit diesem Satz sich selbst gemeint zu haben.

Die kleinen Geheimnisse des Netzwerkens

Wer beruflich vorankommen will, der braucht Verbündete. Man muss Networking betreiben, heißt es. Denn in unseren kommunikativen Zeiten kommt es immer mehr darauf an, «gut vernetzt» zu sein. Das klingt zunächst sehr sympathisch, so gar nicht nach kleinen Sauereien, doch beim Netzwerken im Beruf geht es nicht darum, möglichst viele Leute zu kennen, die gerne mit einem essen gehen,* sondern die richtigen, die etwas für einen tun können. Warum aber sollten die sich für einen einsetzen? Weil sie etwas davon haben. Weil sie in uns einen Verbündeten sehen, auf den sie sich verlassen können, der ihnen ebenfalls hilft. Bekanntlich wäscht eine Hand die andere. Und damit kommen wir unserem Thema allmählich näher.

Wenn sich die gewieften Netzwerker gegenseitig unterstützen, geht das zwangsläufig auf Kosten anderer. Mit einem Mal laufen Informationen an einem vorbei, interessante Aufgaben werden einem Kollegen aus dem Netzwerk zugeschanzt, man wird belogen und hingehalten. Lauter kleine Sauereien, damit die Netzwerker sich gegenseitig ihre Gefälligkeiten erweisen können. Solche Bündnisse lohnen sich vor allem für diejenigen, die sich nicht darauf verlassen können, das Rennen zu machen, weil sie die Besten sind. Oh nein, sie haben nur eine Chance durch ihr schmieriges Netzwerken. Zwei Nullen tun sich zusammen, um gemeinsam die Nummer eins vom Thron zu schubsen. Solche zwielichtigen Manöver sind evolutionär tief in uns verwurzelt und lassen sich sogar in Affenhorden beobachten, wie der holländische Primatologe Frans de Waal berichtet.**

---

*   «*Geh nie alleine essen!*» mahnt der Titel eines einschlägigen Buchs. Autor ist der Amerikaner Keith Ferrazzi, den sein Verlag als «Networking-Guru» bezeichnet.
** Vgl. Frans de Waal: *Wilde Diplomaten. Entspannungspolitik bei Affen und Menschen.* München 1991.

Auch wenn Sie selbst dem Netzwerk angehören, können Sie sich nicht entspannt zurücklehnen. Vielmehr müssen Sie sich immer wieder bewähren. Haben Sie als Steigbügelhalter ausgedient, dann stellt sich Ihr Netzwerkfreund schon die Frage: Brauche ich den überhaupt noch? Lautet die Antwort nein, so dürfen Sie sich vielleicht noch eine Zeit lang einreden, dazuzugehören, doch wird dort niemand mehr einen Finger für Sie krumm machen. Erfolgreiche Netzwerker wissen nämlich nicht nur, mit wem sie sich verbünden müssen, sondern auch, wen sie wieder fallen lassen müssen. Und vor allem wann.

Aus Sicht der Netzwerker sieht die Sache natürlich ganz anders aus. Die legen sich keineswegs einen raffinierten Plan zurecht, wen sie für sich einnehmen und wen sie jetzt fallen lassen müssen. Das ergibt sich einfach so, ohne dass sie groß darüber nachdenken. Wir werden nicht von ihrer Liste gestrichen, sondern sie verlieren uns aus den Augen. Lange nichts mehr voneinander gehört. Wir müssten einmal wieder zusammen essen gehen, uns ein wenig austauschen. Also, das würden sie wirklich gerne. Nur ergibt sich nie mehr die Gelegenheit. Früher haben sie uns ungefragt einen Gefallen getan, sind in Vorleistung gegangen, heute müssen wir sie bitten. Und dann passt es leider gerade nicht, oder sie können sowieso nichts für uns tun. Schade. Aber wir sollten wirklich einmal wieder zusammen essen gehen.

Spezialitäten aus der Gerüchteküche

Zu den wirksamsten Mitteln, einen Konkurrenten aus dem Feld zu schlagen, gehört das Anschwärzen und die üble Nachrede. Das ist bitter. Wir kommen nur dagegen an, wenn wir uns klarmachen, wie diese dreckige Sache funktioniert. Außerdem kann die üble Nachrede auch auf den zurückfallen, der sie in die Welt gesetzt hat. Tatsächlich ist kaum eine andere kleine Sauerei geeignet, den Ruf so gründlich zu ruinieren, wie der Verdacht, böse Gerüchte über die Konkurrenz zu verbreiten. Eben deshalb versuchen die Großmeister der abgefeimten Kommunikation den Eindruck zu erwecken, dass wir aus niederen Beweggründen schlecht über sie reden.

Dabei fängt alles ganz harmlos an. Wir haben das Bedürfnis, uns über unsere Mitmenschen auszutauschen. Auch und gerade wenn diese nicht dabei sind. Dann können wir nämlich «offen reden» und auch Dinge loswerden, die nicht ganz so schmeichelhaft sind. Besonders im Beruf hat das viele Vorteile. Wir können die anderen besser einschätzen, ahnen, wer vertrauenswürdig ist und wann wir uns nicht allzu sehr auf jemanden verlassen sollten. Außerdem verbindet es, wenn wir übereinander sprechen, wir nehmen Anteil an den Erlebnissen unserer Kollegen. Also, eigentlich eine feine Sache, die nur einen gewaltigen Haken hat. Und an diesem Haken hängen die kleinen Sauereien. Die schleichen sich zuverlässig in dem Moment ein, in dem schlecht über jemanden geredet wird. Und das ist ständig der Fall. Denn weit mehr als alles Gute, Gelungene und Grandiose interessieren uns die Dinge, die nicht so gut gelaufen sind. Haben Sie sich vertrauenswürdig verhalten, behalten das die Leute gerne für sich. Unterläuft Ihnen hingegen ein Fehler, haben unsere Mitmenschen das dringende Bedürfnis, das jedem mitzuteilen.

Das ist die erste kleine Verzerrung, die sich aber verschmerzen lässt. Immerhin wissen wir, dass wir alle ab und an Fehler machen. Und wir wissen das nicht zuletzt aus diesen Erzählungen, die immer wieder die Runde machen. Außerdem macht es die Leute menschlicher, wenn sie ihre Schwächen offenbaren. Dann sagen wir uns: Die sind ja genauso unfähig wie wir. Und alle können zufrieden sein. Doch steckt in einigen Geschichten entschieden mehr Gift. In denen geht es nicht so sehr um ein Missgeschick, das Ihnen unterlaufen ist, sondern es ist Ihr Charakter, der hier infrage gestellt wird. Sie haben irgendetwas gesagt oder getan, vielleicht nur eine Kleinigkeit, aber die war wieder einmal typisch. Oder schlimmer noch: Die hat Sie entlarvt. So einer sind Sie also. Hätte ich nicht gedacht, erzähle ich aber gerne weiter.

Denn wir lieben solche Geschichten. In Romanen erfreuen wir uns an den verräterischen Details, die der Autor hineingearbeitet hat, und im Alltag geht es uns nicht anders. Dahinter muss noch keine böse Absicht stecken. Schließlich ist es doch so gewesen, oder? Der Punkt ist nur: Die Geschichte wird meist aus dem Zusammenhang gerissen. Alles Erklärende, alles Entlastende wird unterschlagen, weil dies die Geschichte schwächen würde. Wer zu viele Umstände in seine Schilderung hineinpackt, wird schnell zum umständlichen Erzähler. Und dem hört niemand gerne zu.

Vielleicht erinnern Sie sich noch an die «faulen Säcke», wie Exkanzler Gerhard Schröder einmal die Lehrer bezeichnete. Noch heute schlagen die Wellen der Empörung hoch. Vor allem wenn der strapaziöse Einsatz engagierter Pädagogen gewürdigt werden soll, kommen zuverlässig Schröders Worte von den «faulen Säcken» zu neuen Ehren.[*] Nun kann man diese Bemerkung durchaus für dummes Gequatsche halten, aber es ist nicht ganz unwesentlich, dass Schröder diesen flapsigen Satz gegenüber den Redakteuren einer Schülerzeitung mit dem programmatischen Namen «Die Wühlmaus» geäußert hat: «Also Kinder, ihr wisst doch ganz genau, was das für faule Säcke sind.» Später wies Schröder in einem Brief an die Lehrergewerkschaft GEW darauf hin, dass dieses Interview nicht autorisiert war.[**] Dumm gelaufen, denn in den empörten Texten ist von den engagierten «Wühlmausen» nicht die Rede. Einige vermitteln eher den Eindruck, als habe Schröder die «faulen Säcke» als politisches Statement

---

[*] Zum Beispiel in der *Welt* vom 4. November 2013, also mehr als 18 Jahre nach Schröders Interview: «Was ist dran am Feindbild des faulen Lehrers?» Und unvermeidlich in einem Interview mit dem Lateinlehrer David Faul, das *Spiegel-Online* am 11. Juli 2014 ins Netz stellte: «Sind Lehrer faule Säcke, Herr Faul?»

[**] Vgl. *Der Spiegel* Nr. 25 vom 19. Juni 1995, Seite 19. Schröder war damals noch niedersächsischer Ministerpräsident. Seine Antworten zeugen nicht gerade von besonderer Ernsthaftigkeit («die Pauker, die mag ich wirklich nicht leiden ...»).

formuliert. Das ist nicht ganz fair, aber so und nicht anders werden Geschichten eben erzählt: Was man nicht brauchen kann, lässt man weg. Vielleicht nimmt man es gar nicht erst zur Kenntnis. Schröder hat die Lehrer «faule Säcke» genannt. Das zählt. Dass er die Schülerzeitungsredakteure «ankumpelt», ist eine andere, deutlich schwächere Geschichte. Also fällt sie einfach unter den Tisch. Spätestens wenn die Geschichte weitererzählt wird. Dann schleift sie sich ohnehin ab.

Nach dem gleichen Prinzip funktionieren die bösen kleinen Geschichten, die über uns erzählt werden, und von denen wir oft keine Ahnung haben, weil wir solche Vorfälle ganz anders wahrnehmen. Um bei dem Beispiel von Schröder zu bleiben: Vielleicht hätten wir an seiner Stelle den Eindruck gehabt, dass alles bestens gelaufen ist: locker mit den jungen Leuten geplaudert, das sollen uns die anderen trockenen Politiker erst einmal nachmachen. Uns entgeht vollkommen, welche Munition wir denen geliefert haben, die es nicht so gut mit uns meinen, denn wir denken ja eher in die entgegengesetzte Richtung. Unser innerer Pressesprecher nutzt jede Gelegenheit, um uns zu entlasten. Da haben wir einfach keinen Blick für die vermeintlich verräterischen Vorkommnisse.

Dabei folgen diese bösen kleinen Geschichten stets einem von zwei Mustern. Nummer eins: Leute, die uns nicht mögen, schreiben uns bestimmte unangenehme Eigenschaften zu. Sie halten uns für faul, eitel, berechnend, dumm oder rücksichtslos. Was immer dieses Urteil bestätigt, ergibt eine Geschichte. Was ihm widerspricht, fällt unter den Tisch. Muster Nummer zwei: Unsere guten Eigenschaften sind nur Fassade. Eigentlich sind wir ganz anders. Sonst geben wir uns immer so nett und bescheiden, und fast hätte man uns das abgenommen, aber dann blaffen wir plötzlich die Dame am Empfang an. Die näheren Umstände spielen keine Rolle, denn unsere Maske ist gefallen. Wir haben uns selbst entlarvt. Und wenn so etwas passiert, wird das außerordentlich gerne weitererzählt. Auch von Leuten, die gar nichts

gegen Sie haben. Oder zumindest: hatten. Solche Zuspitzungen werden unserer komplexen Persönlichkeit niemals gerecht. Aber sie sind überaus hilfreich, wenn die nicht immer liebenswerten Eigenarten unserer Mitmenschen in solchen Miniaturen eingefangen werden, weil sie uns das erhebende Gefühl geben, dass wir diese Leute durchschaut haben.

Wie man so etwas macht, zeigte der Autor Roger Willemsen in einer Talkshow, in der er sein neues Buch vorstellte. Ein Jahr lang hatte er den Bundestag besucht, jede Sitzung von Anfang bis Ende verfolgt und notiert, was ihm aufgefallen war. In der Talkshow erzählte er von dem FDP-Politiker Martin Lindner.* Es sei regelrecht schockierend gewesen, wie kalt und verächtlich der einen Obdachlosen habe stehen lassen, der ihm eine Zeitung verkaufen wollte. Je nachdem, wie Sie zu Martin Lindner stehen, werden Sie sich diese Szene nun vorstellen – mit einem aufdringlichen oder mitleidserregenden Obdachlosen. Sie werden sich bestätigt fühlen und vielleicht werden Sie sich sagen: Also, ich kaufe solche Zeitungen ja auch nicht, aber ich versuche diese Leute immer mit Respekt zu behandeln. Außerdem haben wir den Eindruck, jetzt ganz genau zu wissen, was das für einer ist, dieser Martin Lindner. Immerhin haben sich solche Ereignisse mehr oder weniger so zugetragen. Doch man kann darüber streiten, ob sie für den Betreffenden wirklich typisch sind.

In anderen Fällen muss deutlich stärker nachgeholfen werden, um Ihnen etwas anzuhängen. Und darin besteht eben die kleine Sauerei. Nehmen wir an, Sie kommen mit einer Kollegin ins Gespräch, die darüber klagt, wie unfreundlich manche Kunden mit ihr umgehen. Ach, da haben Sie aber auch eine Geschichte zu erzählen, eine richtig haarsträubende. Und – Sie ahnen es – diese Geschichte macht später die Runde. Aber nicht als amüsantes Vorkommnis, wie Sie es erzählt haben, sondern als Beispiel

---

* Martin Lindner war zu dieser Zeit stellvertretender Fraktionsvorsitzender der FDP im Bundestag und darf keinesfalls verwechselt werden mit dem Parteivorsitzenden Christian Lindner.

dafür, wie abfällig Sie über Ihre Kunden reden. Ein ganz mieser Zug.

Das Grundrezept ist einfach: Wer über Sie lästern möchte, der bringt Sie dazu, schlecht über andere zu reden, und genau das wird dann in verschärfter Form weitererzählt. Gerne auch demjenigen, über den Sie sich geäußert haben. Äußerungen, die Sie «ganz im Vertrauen» machen, Informationen, die Sie mit der Bitte versehen, sie nicht weiterzutragen, kommen ebenfalls in das Schatzkästlein, aus dem diese Kollegen ihre Geschichten herauskramen. Und natürlich werden die vertraulichen Informationen stets mit dem Hinweis weitergegeben, dass es sich um «vertrauliche Informationen» handelt, die man auf keinen Fall weitererzählen dürfe. Dadurch werden sie ja erst wertvoll und wichtig und können gegen andere brisante Informationen eingetauscht werden.

Schließlich gibt es noch die Gerüchte, die frei erfunden sind. Zwar braucht ihr Erfinder irgendeinen Anhaltspunkt, an dem er die Sache festmachen kann, aber der ist schnell gefunden: Sie stecken ständig mit dieser Frau Bienert zusammen. Haben Sie ein Verhältnis? Sie sind immer so modisch gekleidet. Sind Sie schwul? Sie haben dunkle Ränder unter den Augen. Sind Sie tablettenabhängig? Nun werden diese Unterstellungen aber nicht einfach so in die Welt gesetzt – sonst könnten sie ja auf einen selbst zurückfallen. Vielmehr bleibt ihr Ursprung im Dunkeln. Es sind irgendwelche Leute, die dieses und jenes erzählen. Es «kursieren Gerüchte», man «munkelt ja auch». Und wer sich gar nicht die Hände schmutzig machen will, der rückt gleich von der Sache ab: «Also, ich kann mir das nicht vorstellen.» Oder: «Da ist sicher nichts dran.» Der Zuhörer soll denken: vielleicht aber doch.

Die Kunst der faulen Ausrede

Wir haben es ja schon angedeutet: Die kleinen Sauereien können sich erst so richtig entfalten, wenn wir die eine oder andere faule Ausrede parat haben. Egal, ob wir damit durchkommen oder nicht. Häufig kommen wir nicht damit durch. Aber auch dann ist es wichtig, dass wir sagen können: Eigentlich haben wir es ja nur gut gemeint. Denn die wichtigste Person, die wir überlisten müssen, sind wir selbst. Erst dann kümmern wir uns um die anderen. Natürlich haben wir einen Fehler gemacht, aber wir wollten die Sache beschleunigen, unsere Kollegen entlasten und überhaupt nur das Beste für den Kunden. Oder wir haben etwas missverstanden, wir waren sicher, unser Vorgesetzter hätte zugestimmt, wenn wir ihn gefragt hätten. Oder wir haben nur das gemacht, was allgemein üblich ist. Hören Sie sich einmal um: Jeder macht das, es geht überhaupt nicht anders, aber keiner redet offen darüber. Vielleicht gibt es auch jemanden, dem wir die Sache in die Schuhe schieben können: Der hat uns getäuscht, belogen, reingelegt, und wir müssen das jetzt ausbaden. Wir sind das Opfer in dieser Angelegenheit. Oder es musste doch jedem klar sein, dass wir so handeln mussten, weil es anders gar nicht zu schaffen gewesen wäre. Das ging nur mit Regelverstößen, krummen Touren, illegalen Hilfsmitteln.

Für solche mehr oder weniger stichhaltigen Ausreden ist unser innerer Pressesprecher zuständig. Und der sondiert schon das Gelände, bevor wir überhaupt ans Werk gehen. Kann sich der Pressesprecher keine akzeptable Begründung zusammenreimen, dann lassen wir so eine kleine Sauerei auch schon einmal bleiben. Doch warum eigentlich das ganze Theater? Können wir nicht einfach eine kleine Sauerei anrichten, mit der wir uns Vorteile verschaffen wollen? Und wenn wir erwischt werden, ehrlich einräumen, dass wir das auf unsere Kappe nehmen. Wir haben versucht, die anderen reinzulegen, aber es hat leider nicht funktioniert. Beim nächsten Mal klappt es bestimmt. Nein, wir müssen uns einreden, dass wir eigentlich ganz in Ordnung sind und es verdient haben, dass uns die anderen vertrauen. Der Evolutionsbiologe Robert Trivers glaubt, dass dieser Selbstbetrug nötig ist, um vor uns selbst weiter zu bestehen und in einem zweiten Schritt die anderen erfolgreich über den Tisch zu ziehen.[*] Es ist aber auch so, dass wir diese fadenscheinigen Gründe brauchen, um überhaupt unsere Glaubwürdigkeit zu bewahren.[**] Das Eingeständnis, dass wir die Schlupflöcher nur dann meiden, wenn wir ohnehin nicht durch sie hindurchpassen, ist einfach zu peinlich und kommt einer moralischen Bankrotterklärung gleich. Freiwillig ist niemand dazu bereit.

Die Ehrlichen sind die Dummen

Halt, Stopp! Es soll hier nicht der Eindruck entstehen, als bestünde unser Berufsleben nur aus Selbstbetrug, versteckten Fouls und kleinen Sauereien. Selbstverständlich gibt es auch Fairness, Ehrlichkeit, Idealismus, ja Selbstlosigkeit. Die meisten Menschen geben sich Mühe, sind vertrauenswürdig und leisten vortreffliche Arbeit. Sonst könnten wir gar nicht kooperieren und all diese Wunderdinge in die Welt setzen, von denen wir umgeben sind. Man kann es gar nicht dick genug unterstreichen: Menschen möchten gut sein. Sie ziehen es vor, auf anständige und faire Art ihre Ziele zu erreichen. Und wer gerade auf der Erfolgsspur unterwegs ist, der hat den Eindruck, dass dies halbwegs funktioniert. Wenn es aber nicht funktioniert, dann möchten wir

---

[*] Robert Trivers: *Betrug und Selbstbetrug. Wie wir uns selbst und andere erfolgreich belügen.* Berlin 2013.
[**] Interessanterweise bezichtigen sich manche Menschen selbst, Hochstapler und Lügner zu sein. Aber das sind gerade die, die bei ihren Mitmenschen Vertrauen finden. Zum Beispiel Führungskräfte, die von der irrationalen Angst getrieben werden, sie könnten «auffliegen» – sogar wenn sie niemanden reingelegt haben.
Vgl. Manfred F. R. Kets de Vries: *Führer, Narren und Hochstapler. Die Psychologie der Führung.* 2. Auflage, Stuttgart 2004.

auf die kleinen Sauereien nicht verzichten. Und zwar gerade dann, wenn wir leistungsorientiert, flexibel und kreativ sind. Also die besten Voraussetzungen mitbringen, auf geradem Weg zum Erfolg zu kommen.

Leider zeigt sich allzu oft, dass dies nicht ganz gelingt. Offen gesagt haben die Leistungsorientierten, Flexiblen und Kreativen häufig den Eindruck, dass sie ihrem Glück noch etwas nachhelfen müssen, damit sie die verdienten Früchte ernten können. Es ist nämlich ein Irrtum, dass es vor allem die Dummen, Unfähigen, Bösen sind, die zu unfairen Mitteln greifen. Die bräuchte man dann nur herauszufiltern und man hätte ein großartiges Team von Spitzenkräften zusammen, die es gar nicht nötig hätten zu tricksen. Ob sie es nötig haben oder nicht, viel deutet darauf hin, dass die Spitzenkräfte durchaus tricksen, und zwar besonders gern, wenn sie kreativ sind.

Die Harvard-Professorin Francesca Gino hat zusammen mit Dan Ariely fünf Experimente durchgeführt, die belegen, dass kreative Menschen viel stärker dazu neigen, zu lügen und zu betrügen als ihre braven, einfallslosen Kollegen.[*] Kreativität besteht nun einmal darin, ein Problem von unterschiedlichen Seiten zu betrachten. «Divergentes Denken» nennt man diese Methode. Außerdem zeichnen sich kreative Menschen dadurch aus, dass sie ihr Wissen sehr flexibel einsetzen können. Eben diese Eigenschaften erweisen sich auch beim Schummeln als äußerst nützlich. Wer kreativ ist, kommt auf viele neue Ideen, besonders auf solche, die nicht den üblichen sozialen Normen entsprechen. Er denkt «out of the box», wie man sagt. Dabei kann die Box auch moralischer Natur sein. Gleichzeitig sind sie dank ihrer geistigen Flexibilität viel eher in der Lage, ihr Handeln zu rechtfertigen. Sie drehen und wenden die Dinge so lange,

---

* Francesca Gino und Dan Ariely: «The Dark Side of Creativity. Original Thinkers Can Be More Dishonest», Working Paper der Harvard Business School 2011, abrufbar unter: http://www.hbs.edu/faculty/Publication Files/11-064.pdf.

bis sie ihnen halbwegs akzeptabel erscheinen, denn selbstverständlich wollen auch sie nicht zu den Bösen gehören.

Vor diesem Hintergrund bekommt die weit verbreitete Klage, die Ehrlichen seien die Dummen, eine ganz neue Bedeutung. Dabei wollen wir klarstellen, dass diejenigen, die ihr Bedauern darüber ausdrücken, im Allgemeinen nicht zu den Dummen gehören. (Ob sie zu den Ehrlichen zählen, wollen wir mal offen lassen.) Wer rumjammert, dass die Ehrlichen die Dummen sind, will damit sagen: Erstens, ich gehöre zu den Ehrlichen. Zweitens, ich habe dadurch gewaltige Nachteile. Drittens, Punkt zwei muss sich ändern. Und darum – viertens – unterstützt mich und tut, was ich sage. So direkt will man das natürlich nicht formulieren. Man möchte durch seine vermeintliche Ehrlichkeit Vorteile haben, Anerkennung bekommen und Sympathiepunkte sammeln. Denn auch wenn es Nachteile bringt, ehrlich zu sein, so hat es noch niemandem geschadet, als ehrlich zu gelten. Das trifft vor allem auf diejenigen zu, die recht weit oben stehen und ein leuchtendes Vorbild für die vielen abgeben, die es noch nicht so weit geschafft haben. Und damit sind wir schon bei unserem nächsten Kapitel.

6.

Unterwegs im Boss-Modus – kleine Sauereien im großen Stil

In einer Folge der Zeichentrickserie *Die Simpsons* bekommt Bart Simpson Ärger mit einem älteren Schulkameraden, der ankündigt, sich mit ihm prügeln zu wollen. Bart wendet sich an seinen Vater Homer, der ihm rät, alle unfairen Tritte und Schläge einzusetzen, die er ihm vorführt. «Denn sonst», sagt Homer, «haben wir Simpsons keine Chance.» Tatsächlich ist die Vorstellung weit verbreitet, dass es die Unterlegenen, die Statusniedrigen und Underdogs sind, die zu unfairen Mitteln greifen. Sie haben nichts zu verlieren, wird vermutet. Also schrecken sie nicht davor zurück, Regeln zu brechen und verbotene Waffen einzusetzen. Wenn wir uns an die Geschichte von David und Goliath erinnern, so gibt es zumindest eine Lesart, nach der David seinen Triumph auf nicht ganz regelkonforme Weise erzielt hat.* Was hätte er

---

*   Diesen Hinweis verdanke ich dem Tübinger Religionswissenschaftler Günther Kehrer. Bitte, ich sage nicht, dass dies die richtige (oder die plausibelste) Lesart ist, sondern nur eine mögliche. Aber die ist nicht ohne Reiz. Stellen wir uns den hochgerüsteten Goliath vor, der sich bereitmacht zum Nahkampf und unvermittelt ein Geschoss zwischen die Augen bekommt, noch ehe die Auseinandersetzung für ihn überhaupt begonnen hat. Dass der Kampf noch weitere Deutungen zulässt, zeigt auch das Buch *David und Goliath. Die Kunst, Übermächtige zu bezwingen* von Malcolm Gladwell. Darin macht er uns mit der durchaus ernstzunehmenden These bekannt, nach der Goliath unter krankhaftem Riesenwuchs gelitten habe und stark sehbehindert gewesen sei, was Davids Triumph vielleicht ein wenig schmälert. Aber so sind die Heldengeschichten – niemals vollständig.

auch tun sollen, um den Giganten zu Fall zu bringen und sein Volk zu retten? Eine etwas weniger heroische Geisteshaltung offenbart sich in dem vielzitierten Satz der Schalker Fußballlegende Rolf Rüssmann, der gesagt hat: «Wenn wir hier nicht gewinnen, dann treten wir ihnen wenigstens den Rasen kaputt.» Ja, so denken sie, die Verlierer, während die Gewinner einen Fairplay-Pokal nach dem anderen einsacken.*

Wenn wir an die Gesellschaft denken, ergibt sich ein ähnliches Bild. Fast automatisch unterstellen wir, dass die kleinen Sauereien vornehmlich in den niederen Schichten beheimatet sind. Dort, wo «die» wohnen, entsteht sofort ein «sozialer Brennpunkt», mit Kleinkriminellen, «Hartz-4-Betrügern» und Leuten, denen man lieber nicht begegnen möchte. Auf der anderen Seite nehmen wir an, dass es weiter oben in der Gesellschaft nicht nur feiner, sondern auch gesitteter zugeht. Edle Charaktere werden in Trivialromanen nicht ohne Grund gerne mit Adeligen besetzt. Die Worte edel, nobel und ritterlich lassen erkennen, dass Tugenden und hoher gesellschaftlicher Status traditionell als zusammengehörig betrachtet werden. Nun wissen wir spätestens seit Karl-Theodor zu Guttenberg, dass sich tadellose Umgangsformen und mehr oder weniger kleine Sauereien ohne Weiteres miteinander kombinieren lassen. Ja, erst durch das überaus gewandte Auftreten des Freiherrn bekam das Vergehen

---

* Bei der Fußballweltmeisterschaft 2010 gewann Spanien nicht nur den Titel, begeisterte durch sein schönes Spiel, sondern wurde auch mit dem Fairplay-Pokal ausgezeichnet. 2014 lief es nicht ganz so glatt: Weltmeister Deutschland wurde zwar allgemein bescheinigt, äußerst fair gespielt zu haben, den Fairplay-Pokal gewann allerdings Kolumbien. Jene Mannschaft, die das böseste Foul begangen hatte, als im Viertelfinale Brasiliens Stürmerstar Neymar einen Lendenwirbelbruch erlitt. Das kommt eben dabei heraus, wenn Fairness daran gemessen wird, wer die wenigsten gelben und roten Karten bekommt, also die wenigsten (geahndeten) Sauereien anrichtet.

seine beeindruckende Fallhöhe.* Damit sind wir bei unserem ersten entscheidenden Punkt: unserer Irritation. Wir sind deswegen so verblüfft oder auch enttäuscht, weil wir dem Betreffenden «so etwas» nicht zugetraut hätten. «So etwas» hätte er «gar nicht nötig», meinen wir. Aber gerade das zeichnet die kleinen Sauereien derjenigen aus, die sich in einer überlegenen Position befinden. Sie sind nicht «nötig», sondern werden in dem sicheren Gefühl begangen, dass die Sache schon nicht auffliegen wird. Und wenn doch jemand etwas mitbekommt, dann kann man darauf vertrauen, dass es keiner wagen wird, einem in die Parade zu fahren.

Krümelmonster und Monopolyspieler

Die Sozialpsychologin Deborah Gruenfeld lehrt an der Stanford Graduate School of Business. In den 1980er Jahren arbeitete sie für eine PR-Agentur. Eines Tages saß sie um neun Uhr früh in einem Meeting mit einem hochrangigen Manager aus der Unterhaltungsbranche.** Dieser Mann hatte einen kleinen Kühlschrank auf seinem Schreibtisch stehen, aus dem er während der Besprechung eine Flasche Wodka hervorholte. Er nahm einen Schluck, direkt aus der Flasche, griff in eine Tüte mit rohen Zwiebeln und redete mit vollem Mund und scharfem Atem weiter. Keiner der Anwesenden traute sich, ihn auf seine groben Umgangsformen hinzuweisen. Sie zeigten sich nur etwas unangenehm

---

* Im Nachhinein fällt es schwer, Guttenbergs Auftreten zu würdigen. Aber schauen Sie sich auf YouTube oder in irgendeiner Mediathek seine Verteidigung und seine Rücktrittserklärung noch einmal an. Unterstellen Sie versuchsweise, die Plagiatsvorwürfe hätten sich im Nachhinein als weit überzogen erwiesen. Dann vergleichen Sie das Auftreten von Guttenberg mit dem von Christian Wulff (Verteidigung und Rücktrittserklärung).
** Von diesem denkwürdigen Vorfall berichtet Gruenfeld in ihrem Vortrag «Power and Influence», der auf YouTube abgerufen werden kann.

berührt und eingeschüchtert. Während der Manager herzhaft in die nächste Zwiebel biss.

Dieses Erlebnis beeindruckte Gruenfeld so sehr, dass sie Jahre später beschloss, den Zusammenhang zwischen Macht und schlechtem Benehmen genauer unter die Lupe zu nehmen. Dazu führte sie ein kleines, elegantes Experiment an der Universität Stanford durch, nicht so spektakulär wie das «Stanford Prison Experiment», aber für die Erforschung von Macht und Sauereien ganz aufschlussreich. Gruppen aus drei Studenten sollten über umstrittene Themen diskutieren. Einer von ihnen wurde durch Losentscheid dazu bestimmt, die Beiträge der beiden anderen zu bewerten. Er oder sie hatte also nur ein unbedeutendes Stück Macht zugeteilt bekommen, doch das zeigte Wirkung. Als eine halbe Stunde später eine Schale mit fünf Keksen auf den Tisch gestellt wurde, griffen diese Studenten deutlich häufiger zu, kauten mit offenem Mund und hatten keine Scheu, sich selbst und den Tisch mit Kekskrümeln einzusauen. Ein unbedeutender Machtvorsprung reichte aus und sie vergaßen ihre guten Manieren, um das einzige an sich zu reißen, das es in diesem Experiment zu gewinnen gab: trockene Kekse. Ihr ruppiges Verhalten war ihnen keineswegs bewusst, und doch demonstrierten sie genau damit ihre hervorgehobene Stellung. «Wenn sich Menschen mächtig fühlen, dann hören sie damit auf, sich zu kontrollieren. Was wir für eine bewusste Machtdemonstration halten, ist nicht kalkuliert oder machiavellistisch. Vielmehr geschieht es unbewusst. Viele innere Regulatoren, die uns sonst von schlechtem oder kühnen Verhalten abhalten, werden einfach abgeschaltet.»*

Dieser Befund ist immer wieder bestätigt worden. Eines der schönsten Beispiele liefert ein Experiment, das Paul Piff durchge-

---

* Deborah Gruenfeld zitiert in: Jonathan Becher: «The Poison of Power», abrufbar unter: www.forbes.com, dort erschienen am 5. Januar 2011 (Übersetzung von mir).

führt hat.* (Sie erinnern sich: Der Wissenschaftler an der Kreuzung, der herausgefunden hat, dass die Menschen mit den dicksten Autos den meisten Ärger machen.) Piff und seine Kollegen baten ihre Versuchspersonen, zu zweit Monopoly zu spielen. Allerdings waren die Gewinnchancen sehr ungleich verteilt. Stellen Sie sich vor, Sie hätten doppelt so viel Geld zur Verfügung wie Ihr Gegenspieler, dürften mit zwei Würfeln spielen, der andere nur mit einem, und wenn Sie auf ein Feld kommen, das Sie berechtigt, eine bestimmte Summe ausgezahlt zu bekommen, so wird der Betrag verdoppelt. Es ist keine große Übertreibung zu sagen: Ein solches Spiel ist völlig witzlos, denn der Gewinner steht von vornherein fest. Nicht ganz unwesentlich ist auch die Tatsache, dass die Spieler ihre ungleiche Startposition dem Zufall zu verdanken hatten. Am Anfang wurde eine Münze geworfen. Danach entschied sich, ob man auf der Überholspur das Monopoly-Geld einsammeln durfte oder nicht. Die Psychologen um Paul Piff wollten herausfinden, wie die Spieler auf diese Spielsituation reagieren. Sie installierten versteckte Kameras und brachen nach 15 Minuten das Spiel ab, um die Teilnehmer zu befragen, wie sie das Ganze empfunden hatten. Die «reichen» Spieler reagierten zunächst etwas amüsiert. Sieh mal an, ich habe so viel mehr Geld als mein Mitspieler. Aha, und zwei Würfel habe ich auch. Und hoppla, ich darf die doppelte Summe an Miete einziehen. Doch mit fortschreitender Spieldauer änderte sich ihr Verhalten. Ihre Spielfigur schoben sie nicht vor, sie knallten sie regelrecht auf das Spielbrett. Besonders wenn sie mit ihren beiden Würfeln eine hohe Zahl geworfen hatten: Zehn! Das lag zwar ohnehin außer Reichweite ihres Mitspielers, doch umso triumphierender ließen sie es knallen. Sie vollführten Siegerposen, zählten demonstrativ ihre Scheine durch und machten sich über den Mitspieler lustig,

---

* Piff berichtet von dem Experiment und zeigt auch ein paar Filmausschnitte in seinem «TED Talk», den er im Oktober 2013 gehalten hat: «Does Money Make You Mean?», abrufbar unter: www.ted.com, mittlerweile auch mit deutschen Untertiteln versehen.

dem allmählich das Geld ausging. Auch Piff hatte etwas Essbares neben dem Spielbrett platziert. Keine Kekse, sondern Bretzeln. Nach anfänglicher Skepsis («Warum stehen die hier? Ist das vielleicht eine Falle?» fragte ein «reicher» Teilnehmer) griffen sie mit vollen Händen in die Schale.

Paul Piff möchte sein Monopoly-Experiment ausdrücklich als Metapher verstanden wissen für unsere Gesellschaft, in der sich die Startbedingungen und Spielregeln ebenfalls sehr stark unterscheiden können. Das Interessante dabei ist, wie die Nutznießer darauf reagieren. Deswegen hat sie Piff nach dem Spiel befragt. Obwohl es ja ganz offensichtlich war, dass es sich um ein gezinktes Spiel handelte, gingen sie nicht näher auf die ungleichen Voraussetzungen ein. Vielmehr berichteten sie davon, welche Straßen sie klugerweise gekauft und wie geschickt sie taktiert hatten. In ihren Augen hatten sie ihren Sieg verdient. Nun spielt es sicher eine Rolle, dass diese Experimente in den USA durchgeführt wurden, wo die Vorstellung besonders stark ausgeprägt ist, dass es jeder aus eigener Kraft schaffen kann, reich, berühmt und glücklich zu werden. Doch es ist stark zu vermuten, dass bei uns die Ergebnisse nicht völlig anders ausfallen würden. Wer im «Boss-Modus» unterwegs ist, der neigt nicht dazu, seine eigene Rolle klein zu reden.

In bester Gesellschaft

Vom Monopolybrett führt uns der nächste Schritt zur real existierenden Gesellschaft mit ihren Unter-, Ober- und Mittelschichten. Sind die Leute mit einem hohen sozialen Status stärker auf sich selbst bezogen? Haben sie weniger Mitleid mit anderen? Sind sie eher bereit, zu schummeln und andere auszutricksen? Dreimal ja, lautet die Antwort, wenn wir den zahlreichen sozialpsychologischen Studien und Experimenten Glauben schenken wollen. Paul Piff legte seinen Versuchspersonen standardisierte Fragebögen vor, mit denen die Psychologen narzisstische und egoistische Neigungen messen können, und stellte fest: Je höher ihr sozialer Status war, umso eher kreiste ihr Denken um die eigene Person.* Unter anderem waren sie davon überzeugt, sie hätten es verdient, bevorzugt behandelt zu werden. Sie gaben an, sich gerne im Spiegel zu betrachten und bewerteten die Aussage «Ich kann eine Menge von anderen Menschen lernen» als wenig zutreffend.

Natürlich sind nicht alle, die einer höheren Schicht entstammen, Egoisten. Es ist nur eine Tendenz, dass unter den Angehörigen einer höheren Schicht mehr Menschen mit narzisstischen Neigungen zu finden sind. Diese Tendenz lässt sich aber klar belegen, ebenso wie die Abnahme von Mitleid und Hilfsbereitschaft. Sind es nicht die Vermögenden, die Reichen, die Menschen aus den besseren Kreisen, die helfen, die sich sozial engagieren, die großzügig spenden – durchaus auch anonym? Gibt es nicht eine lange altehrwürdige Tradition, nach der die Starken die Schwachen unterstützen, und die Privilegierten den Benachteiligten etwas abgeben? In den USA dürfte sie noch weit stärker ausgeprägt sein als bei uns. Das ändert aber nichts am Befund: Wer weniger hat, gibt mehr. Zumindest einen höheren Anteil. So spendeten amerikanische Haushalte mit einem Jahreseinkommen, das unter 25 000 Dollar liegt, immerhin 4,2 Prozent davon für wohltätige Zwecke, bei den Besserverdienern mit 100 000 Dollar waren es nur 2,7 Prozent.** Die Prozentzahlen gehen weiter zurück, je höher das Jahreseinkommen steigt. Auch in Experimenten geben die «kleinen Leute» einen höheren Betrag, wie eine Forschergruppe um Paul Piff und Dacher Keltner zeigen konnte. Die Versuchspersonen bekamen 10 Dollar, von denen sie

* Vgl. Paul Piff: «Wealth and the Inflated Self. Class, Entitlement, and Narcissism», in: *Personality and Psychology Bulletin*, Band 40 (1), 2014, Seite 34–43. Abrufbar unter: http://paulpiff.wix.com/paulpiff#!publications/c240r.
** Nach Angaben des Independent Sector, einer Dachorganisation amerikanischer Wohltätigkeitsverbände, in einer Studie von 2002: «Giving and Volunteering in the United States».

einem unbekannten zweiten Teilnehmer etwas abgeben konnten – oder auch nicht. Wer einen höheren sozialen Status hatte, zeigte sich knauseriger.*

Und wenn wir von den kleinen Sauereien reden, dann wird es erst recht ernüchternd: Wer einen höheren sozialen Status innehat, erklärt sich eher bereit, zu lügen, sich auf krummen Wegen kleine Vorteile zu verschaffen und andere hereinzulegen. Er schreckt auch nicht davor zurück, Kindern ihre Süßigkeiten wegzuessen, wenn ihm danach ist.** In einem originellen Experiment platzierten die Psychologen ein Glas mit Näschereien auf einem Tischchen. Die Teilnehmer hatten den ersten Teil des Versuchs hinter sich gebracht und nahmen an, das Experiment wäre beendet. Der Versuchsleiter bat sie, noch einen Fragebogen auszufüllen, wies auf die Süßigkeiten und sagte, die seien für die Kinder, die hier gleich an einem Lernexperiment teilnehmen würden. Dann entfernte er sich. Natürlich griff nicht jeder zu, aber die Personen mit einem höheren sozialen Status naschten doppelt so viel wie die mit einem niedrigen.

Erfolg verdirbt den Charakter

Paul Piff und seine Kollegen haben ihr Experiment mit dem Süßigkeitenglas weitergeführt und Versuchspersonen getestet, die sich einem mittleren Status zuordnen ließen. Die eine Gruppe bekam die Information, dass die anderen, mit denen sie am Expe-

---

* Vgl. Paul Piff, Michael Kraus, Stéphane Côté, Bonnie Hayden Cheng, Dacher Keltner: «Having Less, Giving More. The Influence of Social Class on Prosocial Behaviour», in: *Journal of Personality and Social Psychology*, Band 99 (4), 2010, Seite 771–784. Als PDF abrufbar unter: http://paulpiff.wix.com/paulpiff#!publications/c240r.
** Eine Reihe von Experimenten, einschließlich dem mit den weggefutterten Süßigkeiten, findet sich in: Paul Piff, Daniel Stancato, Stéphane Côté, Rodolfo Mendoza-Denton und Dacher Keltner: «Higher social class predicts increased unethical behavior», in: *PNAS*, Band 109 (11), 2012, Seite 4086–4091.

riment teilnahmen, einen höheren Status hatten. Sie selbst befanden sich in diesem Umfeld also in einem niedrigeren Status. Bei der zweiten Gruppe war es selbstredend andersherum, sie fühlten sich den anderen Teilnehmern überlegen. Das Ergebnis zeigte, dass diejenigen, die annahmen, sie wären im niedrigen Status, seltener in das Glas griffen als diejenigen, die sich im hohen Status vermuteten. Zur Erinnerung: Unabhängig vom Experiment hatten alle Teilnehmer den gleichen gesellschaftlichen Status. Hinter dem schlechten Benehmen der besseren Kreise steckt somit ein allgemeines Prinzip: Wenn wir uns anderen Menschen überlegen fühlen, wenn wir annehmen, wir wären nicht auf sie angewiesen, dann springt ein Modul an, das uns nicht eben sympathisch macht. Doch der «Boss-Modus», wie wir ihn nennen wollen, ist nicht an ein bestimmtes gesellschaftliches Milieu gebunden, sondern in allen gesellschaftlichen Schichten anzutreffen.* Auch ist es keine Seltenheit, dass Leute an einem Tag im «Boss-Modus» unterwegs sind und am nächsten Tag in die Normalität zurückkehren. Vor allem wenn es sich bei diesem Tag um den Montag handelt.

Außerdem sollten wir Folgendes nicht übersehen: Den Wissenschaftlern ist es relativ schnell gelungen, ihre Versuchspersonen in den «Boss-Modus» zu versetzen. Denken wir an das Keks-Experiment von Deborah Gruenfeld. In anderen Studien gab es Rollenspiele mit «Ministerpräsidenten» und «kleinen Beamten», die ihnen zu Diensten sein mussten. Es genügt aber auch schon, wenn sich die Leute ein Erlebnis in Erinnerung rufen sollen, bei dem sie sich selbst mächtig gefühlt haben. Anschließend verhalten sie sich genau so, wie man es – den Versuchen zufolge – von Leuten in gehobenem Status erwarten würde: selbstbezogen, rücksichtslos, stets bereit zu einer mehr oder weniger kleinen Sauerei.

Dummerweise meldet sich der «Boss-Modus» häufig auch, wenn uns etwas sehr gut gelingt, wenn wir Erfolg haben und

---

* Unsere Kapitelüberschrift verdanken wir übrigens einem wüsten Stück der Rapper Kollegah und Farid Bang.

außerordentliche Leistungen zustande bringen. Wir sind stolz, fühlen uns gut und halten uns für etwas Besonderes. Bemerkenswerterweise ist das auch die Botschaft, die uns in sogenannten «Motivationsseminaren» von professionellen «Mutmachern» eingehämmert wird: Du bist großartig, du kannst alles vollbringen, wenn du nur an dich glaubst. Du wirst sie alle abhängen, die Zögerer und Zauderer, die sich selbst ein Bein stellen. Ob mit einem Erfolg im Rücken oder einfach nur «motiviert», auf diese Weise gleiten wir hinein in den «Boss-Modus», der uns so anfällig macht für die kleinen Sauereien.

Haben wir keinen kritischen oder lebensklugen Partner an unserer Seite, dann holt uns niemand so schnell auf den Boden der Tatsachen zurück. Keiner erinnert uns daran, dass die anderen auch nicht so viel dümmer sind und wir selbst nicht ganz so einzigartig, wie wir uns gerne einreden. Stattdessen verstärken wir durch unser selbstbewusstes Auftreten noch den Eindruck, dass keiner uns das Wasser reichen kann.

Dabei haben die Menschen auch noch die fatale Tendenz, jemanden, der Erfolg hat, zu idealisieren. Und wer hat bitteschön nicht irgendeinen Erfolg, auf die eine oder andere Weise? Daher glauben einige: Der kennt sich aus, der weiß, wie es gemacht wird. Also wird er unterwürfig um Rat gefragt. Vielleicht kommt es noch schlimmer, und die anderen fangen an, ihn zu kopieren. Seinen Stil, seine Ausdrucksweise, seine Ansichten. Wie soll man da nicht überschnappen? Wenn ihr Umfeld ihnen das Gefühl gibt, dass sie großartig und allen anderen turmhoch überlegen sind und sie auf keinerlei Widerstand stoßen, dann droht der «Boss-Modus» ein Dauerzustand zu werden. Und das ist kaum zu ertragen. Weder für einen selbst, noch für die anderen. Vielleicht hat das ja der Schriftsteller Max Frisch gemeint, als er bemerkte: «Der Erfolg verändert den Menschen nicht, er entlarvt ihn.»

Das «Ich darf das»-Prinzip

Im Sommer war ich in Berlin mit dem Taxi unterwegs. Es war eine recht ausgedehnte Fahrt, und so entspann sich ein längeres Gespräch mit dem Taxifahrer, einem sympathischen, lebensklugen Mann mit festen Prinzipien. Eines davon lautete: In meinem Taxi wird nicht geraucht. «Ich bin militanter Nichtraucher», bekannte er, fast ein wenig entschuldigend. Nicht meinetwegen, sondern weil sich einige Personen in seinem Taxi eine Zigarette angesteckt hatten. Und – Sie vermuten richtig – bei diesen Personen handelte es sich meist um solche, die man aus dem Fernsehen kennt. Eine recht bekannte Komikerin bestieg sein Nichtrauchertaxi. Und das Erste, was sie tat, war, sich eine Zigarette anzuzünden. Unser Taxifahrer wies sie darauf hin, dass in seinem Fahrzeug das Rauchen nicht gestattet sei. Ihre Antwort war zu typisch, um sie zu verschweigen: «Im Flugzeug durfte ich die ganze Zeit nicht rauchen. Jetzt habe ich mir eine Zigarette verdient.» Unser Taxifahrer, höflich, aber unbeeindruckt, machte sie darauf aufmerksam, dass sie auch in diesem Taxi nicht rauchen dürfe. Die Tür ging auf, die Tür wurde zugeknallt. Ganz so, als hätte sich unser Mann unhöflich betragen – und nicht die sonst so sturzulkige Komikerin.

Ein Schlagerstar, der schon bessere Zeiten erlebt hat, stand am Flughafen und rauchte. Mehrere Zigaretten hintereinander. Danach hatte er nichts Dringlicheres zu tun, als das Taxi unseres ebenso höflichen wie militanten Nichtrauchers zu besteigen – und sich sofort eine weitere Zigarette anzuzünden. Der Taxifahrer wies ihn darauf hin, dass er in seinem Taxi nicht rauchen dürfe und bot ihm an, ihn an den nächsten Taxistand zu fahren. Vielleicht fände sich ja jemand, der ihn mit brennender Zigarette mitnähme. Wie hätten Sie wohl als kettenrauchender Schlagerstar reagiert? Aussteigen und sich ein neues Taxi suchen? Entwürdigend. Und wer weiß, vielleicht wäre das ja auch so ein Nichtrauchertaxi. Eine schreckenerregende Vorstellung: Schlagerstar auf der Suche nach einem Rauchertaxi. Nein, unser Mann nahm einen letzten, entsetzlich tiefen Zug, so als wollte er das gesamte Nikotin mit einem Mal heraussaugen. Dann schnipste er die brennende Kippe aus dem offenen Fenster und ließ sich schweigend ans Ziel fahren. Dort angekommen griff er in seine Geldbörse, zückte einen Schein und warf ihn beim Aussteigen auf den Sitz. Ganz so, als sei er durch unseren Taxifahrer tief gekränkt worden. Und ein bisschen ist es – aus seiner Sicht – auch so. Denn der Taxifahrer hat seinen Sonderstatus infrage gestellt: Immerhin ist er ein Schlagerstar, oder etwa nicht? Muss er sich ernsthafte Sorgen machen, weil er nicht mal eine Zigarette im Nichtrauchertaxi zu Ende rauchen darf? Was ist denn mit Helmut Schmidt? Der darf noch an ganz anderen Orten rauchen.* Wäre er selbst ein Superstar, dann würde dieser Fahrer nicht motzen, sondern Stumpen und Asche bei Ebay versteigern.

Natürlich gibt es auch rührende Geschichten von fürsorglichen Alphatieren, die es gar nicht erwarten können, sich ein Plastiktablett zu schnappen, um sich in der Betriebskantine in die Schlange einzureihen. Doch machen die das in der Regel nur einmal. Nämlich um ein Zeichen zu setzen, dass sie gar nicht so viel anders sind als die normalen Mitarbeiter. Bei solchen Gelegenheiten sind sie gewöhnlich nicht im «Boss-Modus» unterwegs. Das kann sich aber rasch wieder ändern. Etwa wenn es einem ahnungslosen Kantinenangestellten einfällt, den Chef so zurechtzuweisen, wie er es mit den anderen machen würde.

Wer einen hohen Status hat, der nimmt für sich selbst gerne das «Ich-darf-das»-Prinzip in Anspruch. Völlig unabhängig

---

* Auf der Website academicworld.net erschien ein Artikel, in dem Rauchern geraten wurde, sich eine Helmut-Schmidt-Maske anzulegen. Denn Schmidt sei der «einzige Deutsche, der noch überall rauchen darf». Diese Anregung griffen einige Raucher in Düsseldorf auf, um in Helmut-Schmidt-Masken für «freies Rauchen» an öffentlichen Orten zu demonstrieren.

davon, ob die anderen das dürfen oder nicht. Doch wäre es ein wenig voreilig, daraus den Schluss zu ziehen, demjenigen wäre es egal, was die anderen treiben. Schon gar nicht sollten wir ihm unterstellen, er wäre mit den anderen besonders nachsichtig, so wie wir es bei den Sauereien erster Stufe kennen gelernt haben. Im «Boss-Modus» wird die erste Stufe glatt übersprungen. Erst in der Kombination von unnachsichtiger Strenge gegenüber anderen und Großzügigkeit in eigener Sache wird die kleine Sauerei zu einer im «Boss-Format».

Power Posing

Fassen Sie sich bei einem Gespräch ins Gesicht? Halten Sie den Kopf schräg, verschränken Sie die Beine und schauen Sie Ihrem Gesprächspartner in die Augen, während er spricht? Mit solchen Gesten wirken Sie vielleicht sympathisch, aber Sie ordnen sich unter, behaupten Experten für Körpersprache.[*] Oder treten Sie vereinnahmend auf, positionieren sich breitbeinig, stemmen die Arme in die Hüften, schauen dem anderen tief in die Augen, während Sie selbst sprechen, und wenden den Blick ab, wenn er das Wort ergreift? Dann feuern Sie eine geballte Ladung von Hochstatussignalen ab, die Ihren Mitmenschen zu verstehen geben, dass Sie gerade im «Boss-Modus» unterwegs sind.

Sympathie und Vertrauen gewinnen Sie damit nicht gerade, vielmehr ist alles darauf angelegt, die anderen einzuschüchtern, ja regelrecht zu missachten. Daher sind Sie gut beraten, diese Dominanzsignale fein zu dosieren. Ganz verzichten kann man auf sie jedoch nicht – zumindest nicht als Führungskraft –, sonst laufen Sie Gefahr, von ehrgeizigen und machtbewussten Mit-

---

[*] Im deutschsprachigen Raum gilt der Pantomime Samy Molcho als Großmeister. Doch haben sich auch viele andere Autoren mit Dominanzsignalen beschäftigt. Zum Beispiel Tom Schmitt, Michael Esser: *Status-Spiele. Wie ich in jeder Situation die Oberhand behalte.* Frankfurt am Main 2009.

arbeitern und Kollegen nicht ernst genommen zu werden. Wenn Sie hingegen hin und wieder ein unmissverständliches Dominanzsignal absenden, haben Sie Ruhe.

Alternativ können Sie auch zum «Power Posing» greifen, einer Methode, die von der Harvard-Psychologin Amy Cuddy populär gemacht wurde.[*] Cuddy hat herausgefunden: Wer sich breitbeinig hinstellt, das Kinn nach oben reckt, die Hände in die Hüften stemmt – oder besser noch: die Arme weit nach oben reckt –, löst damit in seinem Körper eine kraftspendende Hormonreaktion aus. Halten wir das nur zwei Minuten durch, macht uns das ruhig und selbstbewusst. Vielleicht wenden Sie ein, dass Sie mit solchen «Power Posen» vor anderen sicher nicht an Ansehen gewinnen, sondern, im Gegenteil, sich vor allem lächerlich machen würden. Das bestreitet sogar Amy Cuddy nicht, und empfiehlt daher, die «Power Posen» dort zu vollführen, wo niemand Ihnen zuschauen kann. Die Wirkung dieser Haltung soll noch einige Zeit anhalten und uns durch kritische Situationen des Alltags hindurchtragen. Es handelt sich also um einen kleinen Schwindel, der sanfteren Naturen helfen soll, in den «Boss-Modus» zu gelangen.

Vertrauensfragen

Bei dieser Ausgangslage können wir uns schon die Frage stellen, ob das so eigentlich in Ordnung ist. Sind diejenigen, die ganz oben sitzen, an den Schalthebeln der Macht, überhaupt vertrauenswürdig? Nein, sind sie nicht, muss man sagen, wenn man den Ausführungen von David DeSteno folgt, Sozialpsychologe mit dem Spezialgebiet Vertrauen. DeSteno listet noch eine Reihe weiterer Studien auf, die alle in ein und dieselbe Richtung weisen: Diejenigen, die die Nase ganz besonders weit oben tragen,

---

[*] Mit ihren Vorträgen zum «Power Posing» erregte Amy Cuddy weltweit großes Aufsehen (anzusehen unter: www.ted.com und www.youtube.com), auch wenn die empirische Basis ihrer Studie mit 42 Teilnehmern recht dünn ist.

haben die geringsten Skrupel, zumindest was die kleinen Sauereien anbelangt, und sie haben kein Problem, das Verhalten der anderen besonders unnachsichtig zu beurteilen. Sie sind die fleischgewordene Selbstgerechtigkeit.

Nach DeSteno sind es die Mächtigen, die Vermögenden, die Erfolgreichen, die sich am wenigsten vertrauenswürdig verhalten. Nicht weil sie unmoralisch sind, sondern weil sie meinen, die anderen weniger zu brauchen. «Vertrauen ist kein Luxus», schreibt DeSteno. «Es ist ein Werkzeug, das wir benötigen, wenn wir selbst es alleine nicht schaffen.»[*] Und so überrascht es nicht, dass diejenigen mit einem höheren Status auch *anderen* weniger vertrauen. Sie sind nicht so sehr auf sie angewiesen. Zumindest ist das ihre Überzeugung, die sich noch verstärkt, wenn sie an die Spitze schießen und von Bewunderern umgeben sind. Wenn jemand nicht so will wie man selbst, dann kann man diese Leute leicht ersetzen. Hingegen ist man selbst einzigartig. Deswegen hat man auch Anspruch darauf, sich herauszunehmen, was man möchte.

Solange die Leute im «Boss-Modus» unterwegs sind, ist wenig auszurichten. Daher geht es genau darum: ihnen den «Boss-Modus» auszutreiben. Tatsächlich verhalten sich auch Leute mit hohem Status uneigennützig und vertrauenswürdig, wenn es gelingt, ein anderes Modul anzuknipsen, sagen wir: das «Helfer-Modul». Und das springt beispielsweise an, wenn wir Mitleid empfinden oder die Erfahrung machen, auf andere Menschen angewiesen zu sein.[**] Deshalb spricht sehr viel dafür, verantwor-

---

[*] David DeSteno: *The Truth About Trust. How It Determines Success in Life, Love, Learning, and More.* New York 2014, Seite 126 (Übersetzung von mir).

[**] Eben das haben Paul Piff und Dacher Keltner in ihren Experimenten auch gemacht. Keltner zeigte einen Film über Kinderarmut, der Mitleid hervorrief. Piff ließ seine Versuchspersonen drei Vorteile auflisten, seine Mitmenschen als gleichberechtigt zu behandeln. In beiden Fällen sank die Bereitschaft, sich selbst Sonderrechte herauszunehmen.

tungsvolle Positionen mit Menschen zu besetzen, die nicht von der eigenen Großartigkeit überwältigt sind. Und wenn doch, dann muss man sie hin und wieder vom Gegenteil überzeugen.

So haben es übrigens auch schon unsere Vorfahren gehalten, wenn man einigen Wissenschaftlern glauben darf. Für den Harvard-Anthropologen Christopher Boehm hat sich bei den Jägern und Sammlern nicht nur die menschliche Variante der Kooperation entwickelt, sondern auch das Gewissen.* Der Einzelne durfte nicht so sehr den eigenen Vorteil im Auge haben, sondern musste teilen und die anderen unterstützen. Die Beute wurde unter allen aufgeteilt, unabhängig, wer sie erlegt hatte – im Unterschied zur Affenhorde, in der das Teilen der Beute eher als «tolerierter Diebstahl» organisiert ist. Was die Jäger und Sammler jedoch auch auszeichnet: Sobald jemand «Boss-Tendenzen» erkennen lässt, bekommt er eins aufs Dach. Nicht von möglichen Konkurrenten, sondern von der gesamten Gruppe. Und nicht in Form von Massenkeilen, sondern indem man ihn der Lächerlichkeit preisgibt. Auch bei unseren Vorfahren wird das nicht ganz ohne kleine Sauereien abgelaufen sein, aber dafür hielten sie ihre Alphatiere im Zaum. «Die archaischen Menschen entwickelten eine Kultur», schreibt Boehm, «in der eine entscheidende Regel galt: Sich über die eigenen Leute zu erheben, löst bei denen nicht nur Irritationen aus, es ist moralisch falsch.»**

Besser lügen in der Alphaposition

Zum Abschluss dieses Kapitels müssen wir noch ein bisschen die Kerbe vertiefen, die wir bis hierhin geschlagen haben. Im «Boss-Modus» neigen wir nicht nur dazu, uns die eine oder andere kleine Sauerei herauszunehmen, auch stehen die Chancen, dass wir damit durchkommen, ungewöhnlich gut. Dafür gibt es meh-

---

* Vgl. Christopher Boehm: *Moral Origins. The Evolution of Virtue, Altruism, and Shame*. New York 2012.
** Boehm: *Moral Origins*, Seite 99 (Übersetzung von mir).

rere Gründe. Nummer eins: Es gibt ein Machtgefälle, manchmal sogar eine Abhängigkeit. Wenn sich ihr Chef danebenbenimmt, halten viele dicht und sind loyal. Vor allem aber rechnen sie sich keine guten Chancen aus, einen Machtkampf gegen ihren «Boss» zu gewinnen. Und auch wenn getuschelt wird, kommt der Betreffende erst einmal davon. Solange er diese mächtige Position innehat, wird jeder, der etwas von ihm will, seine kleinen Sauereien hinnehmen müssen. Ja, sie sind geradezu Ausdruck seiner Überlegenheit und geben ihm das beruhigende Gefühl, dass ihm keiner etwas kann. Grund Nummer zwei: Harmoniebedürftigkeit. Auch wenn (noch) kein Machtgefälle besteht, so brauchen wir schon ein wenig Mut, um jemanden zurechtzuweisen. Wir wissen nicht, wie er reagieren wird. Ist er vielleicht gefährlich? Kann er uns schaden? Also lassen wir uns die eine oder andere kleine Sauerei einfach gefallen. Frechheit siegt, sagt unser Gegenüber und fühlt sich großartig, während unser Ego zusammenschrumpft. Grund Nummer drei: Idealisierung. Es gibt diesen Wunsch, zu jemandem aufzuschauen, ihn als Vorbild oder besondere Autorität zu betrachten. Daraus ergibt sich zwangsläufig ein hoher Status, auch wenn der Betreffende mitunter offensichtlich schwere persönliche Defizite hat. Gerade das zieht manche Menschen an. Rücksichtslosigkeit halten sie für Stärke. Aber auch für die sanften und freundlichen Idole gilt: Ihre Anhänger und Fans sind nur allzu gern bereit, über kleine Sauereien hinwegzusehen. Und die nicht so kleinen Sauereien wollen sie gar nicht erst wahrhaben.

Der vierte Grund ist der beunruhigendste: Leuten mit einem hohen Status gelingt es offenbar besser, andere hereinzulegen, zu täuschen und zu belügen. Sie haben es vielleicht schon immer geahnt, aber es gibt auch einen wissenschaftlichen Beleg. Dana Carney von der Columbia Business School ließ in einem bemerkenswerten Experiment die Hälfte ihrer Versuchspersonen einen Hundert-Dollar-Schein aus dem Nebenzimmer entwenden. Anschließend trafen sie einen Interviewer. Diejenigen, die den

Schein stehlen sollten, bekamen die Information: Wenn sie den Interviewer überzeugen können, dass sie das Geld nicht genommen haben, dürfen sie die hundert Dollar behalten. Der Interviewer wusste, dass die Hälfte der Teilnehmer den Schein genommen hatte, die andere Hälfte ahnungslos und unschuldig war. Er sollte die Schuldigen finden. Das gelang ihm ganz gut, wenn er es mit Teilnehmern im Niedrigstatus zu tun hatte. Die gaben sich zwar alle Mühe, ihn zu belügen, flogen aber meistens auf. Nicht so ihre Kollegen im Hochstatus, die es erstaunlich gut schafften, den Interviewer zu täuschen. Tatsächlich wurden sie von ihm kaum häufiger verdächtigt als die Personen, die vollkommen unschuldig waren.* Und mit diesem Beispiel wollen wir es erst einmal genug sein lassen, auch wenn es noch eine weitere Sorte von kleinen Sauereien gibt, bei denen die Leute mit hohem Status klar die Nase vorn haben: Sie gehen weit häufiger fremd. Aber mit diesem Thema beschäftigen wir uns im nächsten Kapitel.

---

* Vgl. Dana Carney, Scott Berinato: «Powerful People are Better Liars», in: *Harvard Business Review* vom 1. Mai 2010, Artikelnummer Prod. #: F1005F-PDF-ENG.

7.

Von den Freuden des Unterleibs

In diesem Kapitel geht es um Sex, die Urmutter der kleinen Sauereien. Sex soll wild, rauschhaft, animalisch und verrucht sein. Damit befindet er sich schon von Haus aus auf Stufe eins der kleinen Sauereien. Eigentlich muss man «es» nur tun – und schon hat man eine kleine Sauerei auf dem Kerbholz. «Sündigen» ist nur ein anderer Ausdruck für Sex haben und wer es zum ersten Mal tut, der «verliert seine Unschuld». Auf den ersten Blick scheint das seltsam, denn wie man uns schon im Aufklärungsunterricht erzählt hat, handelt es sich beim Sex um die «natürlichste Sache der Welt». Und die soll auch noch Lust und Befriedigung verschaffen. Aus evolutionsbiologischer Sicht ist Sinn und Zweck unseres ganzen Gemurkses hier ohnehin nur, dass wir unsere Gene in möglichst großer Zahl weiterreichen. Ohne Sex wird das schwierig. Seien wir also dankbar, dass es ihn gibt. Für so eine praktische Einrichtung müssen wir uns doch wirklich nicht schämen.

Früher, in den muffigen alten Zeiten, da war das natürlich noch anders. Da herrschten Angst, Verklemmung und Doppelmoral. Da bekamen die Leute Schuldgefühle eingeredet, wenn es um Sex und Nacktheit ging. Aber heute werden wir von morgens bis abends mit sexuellen Reizen zugeschüttet, bekommen ungefragt Sextipps und Nacktbilder nachgeworfen. In der Boulevardpresse packen Prominente aus – oder werden ausgepackt. In Anzeigenblättern inserieren Menschen mit bizarren Vorlieben, die mit ähnlich nüchternen Worten einen geeigneten Sexualpartner suchen wie andere einen Gebrauchtwagen. Ja, nicht einmal die Eiswerbung kommt ohne erotische Zungenspiele aus. Und vom Internet wollen wir gar nicht erst reden. Da liegt die ganze Welt der Pornografie direkt unter unseren Fingerkuppen.*

Verführen nach allen Regeln der Kunst

Das heißt aber nicht, dass nun alles ganz einfach und locker geworden wäre. Eher im Gegenteil, denn die alten verlässlichen Tricks funktionieren nicht mehr. So sind viele verunsichert und wissen sich jetzt gar nicht mehr zu helfen. Schon beim Start tauchen Probleme auf. Gibt man bei Google den Satz ein «Deutsche Männer können...», wird er komplettiert mit den Worten: «nicht flirten».** Das ist schon niederschmetternd, wenn man an all die großartigen Dinge denkt, die deutsche Männer *können*. Nun hat Flirten erst einmal nichts mit Sex zu tun. Man kann miteinander flirten, ohne die geringste Absicht zu hegen, miteinander intim zu werden. Man tut aber so, als fände man den anderen begehrenswert. Und das ist das Schöne an der Sache. Wir fühlen uns bestätigt: Wir sind schön, klug und charmant, und der andere ist es auch. Das genügt – oder auch nicht. Denn Flirten spielt sich in einer Grauzone ab. Es bleibt wohlweislich offen, wie ernst es gemeint ist. Man kann uns auf nichts festnageln, alles ist spielerisch und verpflichtet zu nichts. Es liegt an uns, in welche Richtung wir

---

* Die Vision von Bill Gates aus dem Jahr 1990 verhieß zwar «information at your fingertips». Aber zu dieser Zeit steckte das Internet noch in den Anfängen. Als erste fernbedienbare Maschine wurde damals der «Internet-Toaster» ans Netz gehängt. Erst später folgten die zahllosen «Webcams».

** So zumindest der Stand am 29. September 2014. Ich hatte erwartet, dass wenigstens der erste Vorschlag der Google-Wortergänzung irgendeine Tätigkeit bezeichnet, die deutsche Männer beherrschen.

das Spiel weitertreiben. Wenn es mit dem Flirt richtig gut läuft, dann kann, darf oder soll es sogar etwas mehr sein. Das ist für den deutschen Mann jedoch nicht immer zweifelsfrei zu beurteilen. Flirtest du noch oder belästigst du schon? Das ist die Frage, die seine Annäherungsversuche unterschwellig begleitet. Und weil er das eine nicht kann und das andere nicht will, lautet die Antwort häufig: Weder das eine noch das andere.*

Dabei ist der Flirt ja nur der Anfang der Bemühungen, den anderen für sich einzunehmen, um am Ende dort zu landen, wo es schließlich ernst wird: Im Bett. Anders gesagt, es geht um Verführung. Und wo Verführung ist, da sind die kleinen Sauereien nicht weit. Egal ob Frau oder Mann, wer verführen will, muss tricksen, sich verstellen, listig sein, falsche Hoffnungen wecken, Köder auswerfen und wieder verschwinden lassen, Stärken vorgaukeln und Schwächen ausnutzen, Situationen arrangieren und den anderen gegebenenfalls überrumpeln. Denn es zeichnet die Verführung aus, dass sie nicht auf geradem Weg stattfindet. Partnerbörse, Speed-Dating oder eine offene Aussprache, ob und wenn ja, unter welchen Bedingungen man Sex haben möchte, machen Verführung unnötig oder geradezu unmöglich. Das macht sie aber auch irgendwie fade, denn in der Verführung liegt eben auch ein besonderer Reiz. Wie auch im verführt werden. Man kann es durchaus genießen, wenn der oder die andere ihr Spiel beginnt. Man kann die Manöver durchschauen und trotzdem später ganz ahnungslos tun. Man kann sich auch verweigern, den anderen hinhalten, um die Sache in die Länge zu ziehen. Wir sind uns im Klaren, dass es nicht ganz mit rechten Dingen zugeht, aber das macht uns nichts, solange wir wissen, dass gespielt wird. Doch da Verführung ihrem Wesen nach Täuschung ist, erscheint es nicht verwunderlich, dass an ihrem Ende meist

---

*   Bei deutschen Frauen sieht die Bilanz nicht besser aus. Die Google-Wortergänzung schlägt vor, den Satzanfang «Deutsche Frauen können ...» zu Ende zu führen mit: «nicht flirten», «nicht kochen», «nicht tanzen» (in dieser Reihenfolge).

die Enttäuschung steht: Der andere ist doch nicht so großartig, wir sind doch nicht so sehr begehrt worden und zuletzt ging es wieder nur um «das Eine».

Die Kontrolle verlieren

«Sex ist nur dann schmutzig, wenn er richtig gemacht wird», lautet ein etwas angejahrter Spruch von Woody Allen. Tatsächlich nehmen wir uns beim Sex Dinge heraus, die wir uns sonst nicht gestatten würden. Wir schalten unseren Verstand aus, lassen alle Hemmungen fallen, verlieren die Kontrolle und geben uns hin. Wenn uns das nicht gelingt, geraten wir in Schwierigkeiten. Als aufmerksamer Leser wissen Sie natürlich, was das heißt: Es übernimmt ein neues Modul das Ruder, das Sex-Modul. Und wie die anderen Module, die wir schon kennengelernt haben, erlaubt uns auch das Sex-Modul, alle möglichen kleinen Sauereien zu begehen oder wie man bei diesem Thema gerne sagt: auszuleben. Einerseits bringt das jede Menge Spaß, andererseits ist das aber nicht ganz ungefährlich. Denn wir geraten in einen ganz besonderen Zustand, wenn wir sexuell erregt sind. Merkwürdigerweise gibt es die Vorstellung, dass wir dann ganz besonders wahrhaftig und «bei uns selbst» sein sollen. Immerhin heißt es schon in der Bibel «Sie erkannten einander», wenn wir sagen würden «Sie schliefen miteinander.» Was den eigentlichen Akt ja auch nur sehr unzutreffend beschreibt. Der Punkt ist: In unserer Sexualität soll unser eigentliches Wesen zum Ausdruck kommen. Oder platt gesagt, wer mit uns im Bett war, der weiß, was wir für einer sind.

Daran wollen wir mal ein großes Fragezeichen machen. Vielmehr befinden wir uns in einem Ausnahmezustand. Der gehört natürlich auch zu uns, aber wir sind gewiss nicht wahrhaftiger als in anderen Zuständen. Wie weit wir uns von dem entfernen, was wir im nüchternen Normalmodus für richtig halten, das haben Dan Ariely und George Loewenstein in einem ziemlich drastischen Experiment nachgewiesen.* Die Versuchspersonen, junge männliche Studenten, wurden in einen Zustand sexueller Erregung versetzt. (Aufreizende Bilder unterstützten sie in diesem Vorhaben.) Hatten sie ein bestimmtes Erregungsniveau erreicht, sollten sie eine Reihe von etwas heiklen Fragen beantworten. Für die Kontrollgruppe gab es die gleichen Fragen, aber vorab keine Bilder oder sonstige Stimulation. Die Ergebnisse waren so, wie es die Wissenschaftler erwartet hatten: Wer sich in Stimmung gebracht hatte, der zeigte sich weit weniger wählerisch, was mögliche Sexualkontakte anging. Für diese Männer galt vielmehr die Devise: «Nutze die Möglichkeiten.» Um zu ihrem Ziel zu kommen, waren sie viel eher bereit, sich die eine oder andere kleine Sauerei herauszunehmen. So hätten sie keine Bedenken, ihre Partnerin zu ermuntern, Alkohol zu trinken, damit ihre Hemmungen fallen, oder ihr zu erklären, dass man sie liebe. Den größten Unterschied zwischen dem nüchternen und erregten Zustand gab es bei der Frage, ob man versuchen würde, sich über ein «Nein» hinwegzusetzen. Allerdings war die Zustimmung zu diesem Statement nicht sehr hoch. Die «nüchternen» Teilnehmer lehnten es klar ab, die «erregten» tendierten im Durchschnitt zu einem «möglicherweise». Ähnliche Ergebnisse gab es auch bei der Frage der Verhütung: Bei klarem Alltagsverstand zeigten sich fast alle Teilnehmer verantwortungsbewusst, im aufgeheizten Zustand war das – sagen wir mal – «weniger» der Fall.

Nun haben an dem Experiment nur junge Männer teilgenommen. Inwieweit der Effekt auch für Frauen oder reifere Herren gilt, muss offen bleiben. Auch wurde nicht untersucht, wie sich die Teilnehmer tatsächlich *verhalten*. Doch ging es Ariely und Loewenstein darum, überhaupt erst einmal nachzuweisen, dass

* Dan Ariely, George Loewenstein: «The Heat of the Moment. The Effect of Sexual Arousal on Sexual Decision Making», in: *Journal of Behavioral Decision Making*, Nr. 19, 2006, Seite 87–98. Abrufbar unter: http://web.mit.edu/ariely/www/MIT/Papers/Heat_of_Moment.pdf.

wir sehr unterschiedlich urteilen, je nachdem, in welchem Modus wir uns befinden. Das erklärt auch, warum wir uns gelegentlich nicht so artig benehmen, wie wir uns das vorstellen. Vielleicht eröffnet sich eine Gelegenheit, an die wir vorher gar nicht gedacht haben. Befinden wir uns gerade im Sex-Modus, sind wir eher bereit, diese Chance zu nutzen, auch wenn wir schon ahnen, dass wir später die Hände über dem Kopf zusammenschlagen werden.

Diesen Effekt hat Loewenstein übrigens nicht nur beim Sex nachgewiesen, sondern auch für andere Zustände, in denen wir emotional «aufgeheizt» sind. Wir sind nicht imstande vorauszusagen, wie wir uns in solchen Situationen tatsächlich verhalten. Wir unterschätzen den Einfluss unserer Gefühle und glauben, dass wir im Prinzip genauso entscheiden wie mit kühlem Kopf. Doch das tun wir eben nicht. Obwohl wir die gleiche Person mit den gleichen Wertvorstellungen sind, nehmen wir uns kleine Sauereien heraus, die wir uns sonst nicht gestatten, über die wir womöglich entsetzt sind – Sauereien der dritten Stufe. «Hot-cold empathy gap» hat Loewenstein dieses Phänomen genannt, die Kluft zwischen heißem und kaltem Einfühlungsvermögen.

Techniken der Lust

Sexualität soll Lust bereiten. Und oft genug tut sie das auch, aber hin und wieder auch nicht. Dann wird der Sex zum Problem. Vor allem wenn man ihn haben möchte, mit seinem festen Partner nämlich. Allen anderslautenden Gerüchten zum Trotz kommt Sex auch heute noch vor allem in festen Beziehungen vor. Der angesehene Hamburger Sexualforscher und Sozialpsychologe Gunter Schmidt behauptet sogar, dass nicht weniger als «95 Prozent aller Sexualakte hierzulande innerhalb von festen Partnerschaften» stattfinden.[*]

---

[*] Zitiert in: Julia Schaaf: «Das neue Spiel mit der Intimität», in: *Frankfurter Allgemeine Sonntagszeitung*, Nr. 35, 2. September 2007, Seite 57.

Nun stellt sich die Frage, woher das die Sexualwissenschaftler so genau wissen. Haben sie eine Umfrage gemacht? Stichproben mit Schlafzimmerkontrolle? Oder werden alle Sexualakte flächendeckend überwacht, ohne dass wir es gemerkt hätten? Vermutlich handelt es sich bei den 95 Prozent um eine «Sarrazin-Zahl»: Wenn es keine Daten gibt, dann muss man sie sich eben ausdenken, mit einem Prozentzeichen versehen und in die aufgeheizte Debatte werfen.* Dabei ist klar, was Gunter Schmidt mit den 95 Prozent sagen will: Das ganze Gerede um den hemmungslosen, ungebundenen Geschlechtsverkehr, den vermeintlichen Trend zum «Casualsex» ist Blödsinn. Trotz Seitensprungagenturen, Singlereisen und der beliebten Facebook-App «Bang with friends» – Sex ist ein «Beziehungsding», ein mittel- bis langfristig angelegtes Gemeinschaftsprojekt. Am Sex muss «gearbeitet» werden, damit er immer wieder Spaß macht. Und wenn wir die Frauen- und Männerzeitschriften durchblättern, bekommen wir auch den Eindruck, dass hier ernsthaft gearbeitet wird.

Hier zeichnen sich jedoch gewisse Schwierigkeiten ab. Denn im Zuge der Enttabuisierung und der allgegenwärtigen «Supersexiness» hat unser Geschlechtsleben viel von seinem Geheimnis verloren. Der normale Akt, das bewährte Standardmodell, gilt als langweilig und einfallslos. Phantasie ist gefordert sowie die Bereitschaft, sich auf neue Erfahrungen einzulassen. Und das meint natürlich: neue kleine Sauereien. Denn ein bisschen verrucht sollte es schon zugehen, wenn wir unser Intimleben aufpeppen. Das ist aber gar nicht so einfach, wenn wir keine geheimen, unerfüllten Wünsche mehr mit uns herumschleppen. Wo sollen wir dann die nötigen kleinen Sauereien herbekommen? Uns in einem softbizarren Internetforum ein paar Tipps für Einsteiger abho-

---

* Der umstrittene Politiker und Bestsellerautor Thilo Sarrazin hatte in einem Gespräch mit der *Süddeutschen Zeitung* erklärt: «Wenn man keine Zahl hat, muss man eine schöpfen, die in die richtige Richtung weist. Und wenn sie keiner widerlegen kann, setze ich mich mit meiner Zahl durch.» (1. März 2010, Seite 3)

len? Oder in den nächsten Sexshop gehen und ein paar passende Handschellen erwerben? Solche Inszenierungen können leicht ins Lächerliche umschlagen und uns eher befremden als Lust bereiten.

Früher suchten Paare die Sexualberatung auf, weil alles Intime mit Angst und Schuld belastet war. Vielleicht hegte der eine bestimmte Vorlieben, die es heute nicht einmal in die *Brigitte* schaffen würden, die er seiner Partnerin aber nicht gestehen wollte. Heute jedoch, wie eine Münchner Therapeutin von pro familia berichtet,[*] kommen mehr und mehr Paare in die Beratung, weil sie die Sorge haben, ihr Sexleben sei zu eintönig oder finde überhaupt zu selten statt. Sie meinen, andere eilen von einem versauten Höhepunkt zum nächsten, bei ihnen herrsche Routine oder – noch schlimmer – «tote Hose». Es treibt sie nicht so sehr die Angst: Bin ich vielleicht pervers? Sondern: Bin ich vielleicht eine Schlaftablette?

Auf der Suche nach einer passenden kleinen Sauerei orientieren sich viele, vornehmlich junge Männer, an dem, was sie in Pornofilmen gesehen haben, berichten die stets gut informierten Sexualberater. Dafür gibt es sogar einen eigenen Begriff, «Sexposing». Die Männer glauben, mit diesen Praktiken von den Profis würde ihr Sexleben durch die Decke gehen. Tatsächlich ist es die sicherste Methode, es zum Absturz zu bringen, glauben zumindest Sexualpsychologen wie Christoph Joseph Ahlers. Die eigene Sexualität sollte man entdecken und nicht «nachturnen».[**]

---

[*] Für die Hörfunksendung «Anatomie der menschlichen Sexualität».
[**] Heike Faller: «Vom Himmel auf Erden», ein Gespräch mit dem Sexualpsychologen Christoph Joseph Ahlers, in: *ZEIT Magazin*, Nr. 18, 2013.

Prüderie und die Verletzung des Schamgefühls

Der Mensch ist die einzige sozial lebende Art, die ihr Sexualleben vor den Artgenossen verbirgt, wie der Evolutionsbiologe Jared Diamond in seinem Buch *Warum macht Sex Spaß?* angemerkt hat. Daran ändern auch die öffentlichen Zurschaustellungen nichts, die Flut von «intimen Geständnissen» in den Medien oder Fernsehformate mit Überwachungskameras. Diese haben weniger mit der real existierenden Sexualität zu tun als mit Obszönität, Provokation oder dem dringenden Bedürfnis nach Aufmerksamkeit. Wer vor den Augen anderer unbekümmert sein Sexualleben ausbreitet, beweist nicht sein gesundes, unverkrampftes Verhältnis zur Sexualität, sondern seinen Mangel an Schamgefühl. Wir müssen nämlich unterscheiden zwischen Prüderie und Schamgefühl. Wer prüde ist, für den gilt Sexualität als unanständig, als etwas Schlimmes, über das ein dicker Mantel des Schweigens ausgebreitet werden soll. Bei erotischen Anspielungen oder auch nur Andeutungen verstehen prüde Menschen keinen Spaß. Sie halten sie für schwere Vergehen, gleichzusetzen mit sexueller Belästigung und tätlichen Übergriffen. Nun kommt es natürlich sehr darauf an, wem gegenüber solche Äußerungen fallen und wie eindeutig-zweideutig sie gemeint sind. Doch gerade das interessiert die Prüden nicht, denn für sie ist alles eins: der Versuch zu flirten, die anzügliche Bemerkung und die grobe Zudringlichkeit. Alles eine einzige Sauerei.

Prüderie ist sexfeindlich, vor allem aber erotikfeindlich. Schamgefühl ist das keineswegs. Erotik ohne Schamgefühl gibt es nicht. Schamlosigkeit ist das Gegenteil von Erotik, sie ist obszön, sie schüchtert ein und stößt ab. Schamgefühl hingegen gehört zur menschlichen Sexualität dazu. Es meldet sich immer dann, wenn unsere Intimsphäre verletzt wird. Zum Beispiel weil jemand, mit dem wir nicht intim sind, unvermittelt in diese Sphäre einbricht. Ob unabsichtlich oder vorsätzlich, spielt keine Rolle. In solchen Momenten könnten wir uns in Grund und Boden schämen. Denn das zeichnet die Intimsphäre aus: dass kein anderer ohne Erlaubnis in sie eindringen darf. Und doch geschieht das immer wieder, um jemandem zu schaden, ihn fertigzumachen oder auch einfach so, aus reinem Vergnügen an der Beschämung.

Als die SPD-Politikerin Ute Vogt für das Amt der baden-württembergischen Ministerpräsidentin kandidierte, ließ sie sich von einem privaten Radiosender an einen Lügendetektor anschließen.* In der «Woche der Wahrheit» sollte den Politikern auf den Zahn gefühlt werden. Durchaus mehrdeutig ließ der Programmchef vernehmen: «Wir wollen Fragen jenseits des politischen Blabla stellen. Fragen, die sich noch keiner getraut hat.» Kaum war der Lügendetektor in Betrieb, kam die erste Frage, die die Wähler sicher brennend interessierte: «Können Sie sich ein erotisches Abenteuer mit einer Frau vorstellen?» Etwas irritiert antwortete die Kandidatin: «Nein, warum fragen Sie mich so was?» Der Moderator kündigte lachend an, dass es jetzt «noch härter» werde, und stellte eine Frage, die diesem Interview einen festen Platz in einem Buch über kleine Sauereien sichert: «Neunzig Prozent** der Frauen haben laut einer Studie schon einmal einen Höhepunkt vorgetäuscht. Sie auch?» Frau Vogt bejahte, bekam vom Lügendetektor bescheinigt, die Wahrheit gesagt zu haben, und fand sich am nächsten Tag auf der Titelseite einer großen Boulevardzeitung wieder, in einem Artikel mit der Schlagzeile: «Erste Politikerin beichtet Orgasmus-Lüge». Es ist grotesk, dass ihr diese Geschichte bis heute anhängt, während der zudringliche Radiosender über eine gelungene Aktion jubeln durfte – weil man «hinter die Fassade» geschaut und die Politi-

---

* Nachzulesen und nachzuhören ist die traurige Angelegenheit unter: http://www.spiegel.de/politik/deutschland/luegendetektor-spielchen-warum-ute-vogt-ueber-ihr-sexualleben-plauderte-a-407523.html.
** Höchstwahrscheinlich handelt es sich hierbei wieder einmal um eine «Sarrazin-Zahl».

ker «privat erwischt» habe. Aber genau nach diesem Prinzip funktioniert die Bloßstellung. Sie gerät nicht so schnell in Vergessenheit.* Und das ist die eigentliche Sauerei.

Fremdgehen

Wir nähern uns nun einem Bereich, der zugepflastert ist mit «Sarrazin-Zahlen», selbst geschöpft, über den Daumen gepeilt oder aus Umfragen zusammengewürfelt. Warum sollte jemand seine Seitensprünge beichten, wenn er nicht gerade in der «Woche der Wahrheit» an einen Lügendetektor angeschlossen ist? Und selbst dann bleiben Zweifel, ob die Betreffenden überhaupt richtig mitgezählt haben.** Unstrittig ist: Wir legen fast alle größten Wert darauf, dass unser Partner treu ist. 90 Prozent sollen es in Deutschland sein. In den USA äußern 77 Prozent, dass außerehelicher Sex *unter keinen Umständen* zu rechtfertigen sei.*** Das Bild ändert sich jedoch, wenn ausschließlich diejenigen

---

*   Auch die anderen Kandidaten wurden ins peinliche Verhör genommen. So wollte der Moderator vom damaligen Ministerpräsidenten Günther Oettinger wissen, ob er sich «eine Nacht» mit Herausforderin Ute Vogt «vorstellen» könnte. Als alter Routinier, der sich nicht so leicht «privat erwischen» lässt, antwortete er: «Ja, sie ist eine junge, attraktive Frau.» Schon dürfte der Moderator den nächsten Coup gewittert haben, als Oettinger fortfuhr, er wolle die Nacht mit Vogt «nur in der Kneipe bei einem Glas Wein, nur bis maximal ein Uhr» verbringen. «Danach», schloss Oettinger, «gehe ich zu meiner Frau.» – Darüber redet heute natürlich niemand mehr.
** Kenner der Materie neigen zu der Ansicht, dass Männer die Zahlen eher zu hoch, Frauen eher zu niedrig ansetzen. Besonders arg scheinen die Dinge in Italien zu liegen. In einer Befragung gestanden zwei Drittel aller Ehemänner, ihre Frau betrogen zu haben. Eine zweite Studie ergab, dass lediglich ein Viertel tatsächlich fremdgeht.
*** Vgl. Irene Tsapelas, Helen E. Fisher, Arthur Aron: «Infidelity. When, Where, Why», in: Cupach/Spitzberg (Hrsg.): *The Dark Side of Close Relationships*. New York 2010, Seite 175–196. Abrufbar unter: http://lifespanlearn.org/documents/FisherInfidelity.pdf.

befragt werden, die schon mal untreu gewesen sind. Von denen äußern satte 90 Prozent, dass es Umstände gibt, die eine Affäre rechtfertigen können. Wobei sie gewiss an ihre eigenen Umstände denken.

Junge Erwachsene missbilligen den Treuebruch besonders stark. Man könnte vermuten, dass sie noch idealistisch und ernsthaft an Beziehungen herangehen und ohnehin weniger auf dem Kerbholz haben, doch zeigte die betreffende Studie, dass bereits ein Drittel von ihnen untreu gewesen ist.* Das entspricht in etwa dem (amerikanischen) Durchschnitt. Es ist also wie so oft bei den kleinen Sauereien: Untreue ist sehr schlimm, wenn unser Partner uns hintergeht, schlimm, wenn es andere machen, aber irgendwie verständlich, wenn wir selbst die Sache ausgefressen haben.

Wie stark verbreitet das Fremdgehen ist, lässt sich nur äußerst grob abschätzen. Die Anthropologin Helen Fisher gilt weltweit als eine der führenden Expertinnen für Paarbeziehungen. Sie vermutet, dass in den USA zwischen 20 und 25 Prozent aller verheirateten Frauen und zwischen 20 und 40 Prozent aller verheirateten Männer im Laufe ihres Lebens eine (oder mehrere) außereheliche Affäre(n) haben. Das hieße aber auch, dass zwischen 60 und 80 Prozent treu bleiben. Für Deutschland verzeichnen zahllose Befragungen Werte zwischen 25 und 55 Prozent, die ihren Partner betrügen. In einzelnen Fällen sollen sogar die Frauen die Nase vorne haben, wenigstens in der jüngeren Generation.

Übereinstimmend ergeben die Studien zum Seitensprung, dass der sogenannte «One-Night-Stand», das flüchtige Abenteuer, eher selten vorkommt. Meist entwickelt sich eine Affäre, die über einen Monat andauert, in vielen Fällen sogar länger als ein halbes Jahr. So jedenfalls das Ergebnis eines breit angelegten

---

* Vgl. Shirley Feldman, Elizabeth Cauffman: «Your Cheatin' Heart. Attitudes, Behaviors, and Correlates of Sexual Betrayal in Late Adolescents», in: *Journal of Research on Adolescence*, Nr. 9, 1999, Seite 227–252.

Forschungsprojekts, das der Göttinger Psychologe Ragnar Beer durchgeführt hat.* Das wichtigste Ergebnis von Beers Studie ist allerdings, dass die Folgen eines Seitensprungs weit dramatischer sind, als man landläufig annimmt und die Seitenspringer selbst glauben. Für die Betrogenen ist es geradezu ein «traumatisches Erlebnis», wenn ihr Partner fremdgeht. Sie verlieren das Vertrauen in ihren Partner und auch in sich selbst. Es lässt sich nur schwer verkraften, wenn der Mensch, den man liebt, sich als Lügner und Betrüger erweist. Beer glaubt, dass die allermeisten sich ihren Seitensprung wohl verkneifen würden, wenn ihnen klar wäre, wie viel Leid sie verursachen.

Es liegt in der Natur der Sache, dass niemand solche Kalkulationen anstellt. Die Leute sind mit ihrem Sexleben nicht zufrieden oder überhaupt mit ihrer Beziehung, sie vermissen Bestätigung und das Gefühl, begehrenswert zu sein. Ihr Partner ist böse, lasch oder gibt sich keine Mühe mehr. Da darf er sich nicht wundern, wenn man offen ist für andere. Eigentlich ist der Partner ja schuld. Er muss doch wissen … Und wer weiß, vielleicht nimmt er das mit der Treue auch nicht so genau. Manche wollen auch lediglich ihren «Marktwert» testen. Oder sie suchen neue Erfahrungen, wollen etwas erleben, sich «wieder spüren», wie man gerne sagt. Der Partner ist einem einfach zu sehr vertraut. Es fehlt dieses gewisse Prickeln, das am Anfang der Beziehung ja durchaus noch da war. Aber jetzt? Alltag, Stress und Streit, man geht sich auf die Nerven oder langweilt sich.**

Wenn sich dann eine Gelegenheit bietet fremdzugehen, wird es kritisch. Vor allem wenn man gute Aussichten hat, dass die Sache nicht herauskommt. Manche entwickeln ein erstaunliches Geschick, ihren Partner zu hintergehen. Für sie liegt darin viel-

---

*   Abrufbar unter: www.theratalk.de/studie_seitensprung_betrogene.html.
** Tatsächlich ist Langeweile ein Faktor, den wir nicht unterschätzen dürfen. Wer sich schnell langweilt, ist anfälliger für den Seitensprung.

leicht noch ein zusätzlicher Reiz, den Seitensprung zu wagen. Sie erleben sich als cleveren Schelm oder raffinierte Geliebte, sind vielleicht von sich selbst beeindruckt – und haben dann noch Aussicht auf frischen, unverbrauchten Sex.* Eine wichtige Rolle spielt dabei die – sagen wir mal – kriminelle Energie, die wir aufwenden. Ein bloßer Fehltritt ist etwas anderes als eine ausgewachsene Affäre.

Im ersten Fall dürfte die Hemmschwelle deutlich niedriger liegen. Wir können so eine Entgleisung viel besser vor uns selbst rechtfertigen. Die Situation hat uns überwältigt, wir hatten etwas getrunken, die Stimmung war ausgelassen ... So etwas passiert nun einmal, sagen wir uns selbst – und unserem Partner, wenn die Sache auffliegt. Denn dass die «One-Night-Stands» in der Studie von Ragnar Beer so selten vorkamen, könnte auch daran liegen, dass sie nicht so oft entdeckt werden. Und wenn die Sache doch herauskommt, dann besteht die Chance, dass einem der Partner verzeiht und darüber «noch einmal» hinwegsieht. Völlig anders ist die Situation bei einer echten Affäre. Hier kann sich keiner mehr auf einen Ausnahmezustand oder ein irrlichterndes Sex-Modul herausreden. Man hat den Partner betrogen, belogen, hintergangen und getäuscht. Es ist keine Angelegenheit mehr, an der nur der «Unterleib» beteiligt gewesen wäre. Der Kopf hat mitgemacht, ja, man möchte sagen: gerade der.

Dabei hängt die Bereitschaft, seinen Partner zu betrügen, nicht nur von den Umständen, sondern auch vom Charakter ab. Es gibt notorische Fremdgänger, die nichts anbrennen lassen, die Unbedarften, die arglos in eine Romanze hineinschlittern, und die treuen Seelen, die grundsätzlich nicht fremdgehen. Der Psy-

---

* Über die Qualität des außerpartnerschaftlichen Beischlafs gibt es widersprüchliche Aussagen. Es finden sich Statements wie «Ich bereue nichts. Hat Spaß gemacht.» (In einer Befragung stimmten dem immerhin 47 % zu). Andere heben hingegen hervor, wie verkrampft, roh und enttäuschend das Ganze verlaufen sei. Vielleicht hat es auch ein bisschen damit zu tun, ob der Seitensprung herausgekommen ist und man seinen Partner zurückgewinnen will.

chologe John Gottman, auf die Analyse von Paarbeziehungen spezialisiert, meint, dass auch in völlig trostlosen Beziehungen rund ein Drittel treu bleibt.* Nicht unbedingt aus moralischen Gründen, manchmal fehlt ihnen einfach die Energie. Eine Horrorbeziehung genügt, da muss man das Unglück nicht noch verdoppeln. Und – diesen Aspekt dürfen wir nicht übersehen – Menschen haben ein unterschiedlich ausgeprägtes Bedürfnis nach Sex. Für den einen oder die andere kommt das Fremdgehen schon deshalb nicht infrage, weil sie in ihrer Beziehung bereits bis an ihre Grenze beansprucht werden, auch wenn diese Grenze aktuell an der Nulllinie verläuft. Was umgekehrt bedeutet, dass sich diejenigen, die hier ungenutzte Reserven vermuten, gerne die Freiheit nehmen, hemmungslos über die Stränge zu schlagen.

Die Persönlichkeitspsychologie kennt fünf Charaktereigenschaften, die uns auszeichnen, die «Big Five». Und die machen uns mehr oder weniger anfällig für einen Seitensprung.** Wer offen ist für neue Erfahrungen, neigt eher zum Fremdgehen. Ebenso wer emotional labil ist. Doch den stärksten Einfluss haben zwei andere Persönlichkeitsmerkmale: Gewissenhaftigkeit und Verträglichkeit.*** Gewissenhafte Menschen gehen eher nicht fremd, das sollte uns nicht überraschen, und auch die Verträglichen zeigen wenig Neigung zur Untreue. Verträglichkeit heißt, dass «solche Leute» sehr gut mit anderen auskommen und ein ausgeprägtes Harmoniebedürfnis haben. Daraus ergibt sich im Umkehrschluss, dass die weniger verträglichen Charaktere keine Angst haben, sich unbeliebt zu machen. Sie sind stark wettbewerbsorientiert und fest entschlossen, die eigenen Interessen durchzusetzen. Und wo finden wir solche Leute häufig? Richtig, auf dem Chefsessel.

---

*   Vgl. John Gottman, Nan Silver: *Die Vermessung der Liebe. Vertrauen und Betrug in Paarbeziehungen.* Stuttgart 2014.
**   Wir folgen hier Helen Fisher (siehe Anmerkung*** auf Seite 132).
*** Der fünfte Faktor ist übrigens die Extraversion. Viele vermuten, Extrovertierte wären anfälliger für das Fremdgehen. Doch das stimmt offenbar nicht.

Das führt uns zu unserem letzten Punkt: Wer sich in einer Machtposition befindet, riskiert weit häufiger einen Seitensprung. Es fördert nicht gerade die Treue, wenn man sich seinem Partner überlegen fühlt. Das gilt für Frauen und Männer gleichermaßen, wie verschiedene Studien gezeigt haben.* Überhaupt scheinen sich Frauen und Männer in ihrer Fremdgehquote allmählich anzunähern. Das bedeutet konkret: Die Frauen holen auf. Eine stattliche Anzahl von wissenschaftlichen Untersuchungen legt diesen Schluss nahe. Allerdings sollten wir diese Zahlen mit einer großen Portion Skepsis betrachten. Denn es gibt nun einmal keine verlässliche Methode, Seitensprünge zu messen, dafür aber ein riesiges Interesse daran, die neuesten Ergebnisse zu erfahren. Wir haben ein großes Bedürfnis, uns gerade bei diesem Thema selbst einzuordnen. Liegen wir im Trend? Oder gehören wir zu den letzten Aufrechten? Oder zählen wir gar zu der schweigenden Mehrheit, die in einer festen Beziehung treu bleibt?

Da wir dies nur allzu gerne wüssten, ist es gewiss kein Zufall, dass der holländische Sozialpsychologe Diederik Stapel, Dekan an der Universität Tilburg, eine beeindruckende Studie über Seitensprünge im Beruf vorlegte, die in Verdacht geraten ist, gefälscht zu sein. Stapel wurde als Hochstapler entlarvt und entlassen.** Gerade beim Thema Fremdgehen sollte man es also lieber den Studienteilnehmern überlassen, einem Märchen aufzutischen.

---

* Zum Beispiel: Elaine Walster, Jane Traupman, G.W. Walster: «Equity and Extramarital Sexuality», in: *Archives of Sexual Behavior*, Nr 1, 1978, Seite 127–141.
** Max Rauner: «Dieser Mann hat der Wissenschaft die Smarties geklaut», in: *ZEIT Wissen*, Nr. 4, 2014. Abrufbar unter: http://www.zeit.de/zeit-wissen/2014/04/hochstapler-betrug-wissenschaft.

8.

Kleine Sauereien unter Freunden

Was haben kleine Sauereien mit unseren Freunden zu tun? Auf den ersten Blick nicht viel, aber warten Sie ab. Zunächst einmal sind unsere Freunde wichtig, weil sie unsere kleinen Sauereien ähnlich zurückhaltend beurteilen wie wir selbst. (Natürlich nur, wenn sie nicht selbst die Leidtragenden sind.) So können wir mit ihrem Mitgefühl und Verständnis rechnen. Im Prinzip sind wir nämlich bei unseren Freunden ähnlich voreingenommen wie bei uns selbst. Sie können das gerne einmal überprüfen. Erzählt Ihnen eine Freundin demnächst von einer kleinen Sauerei, ob im Straßenverkehr oder im Beruf, horchen Sie in sich hinein: Finden Sie nicht schlimm, oder? Muss man sich doch wirklich nicht drüber aufregen, wie dieser Toyota-Fahrer oder diese neidische Kollegin, über die Sie jedes Mal den Kopf schütteln. In was für einer Welt lebt die bloß? Das heißt keineswegs, dass wir unseren Freunden immer zustimmen oder alles richtig finden, was sie tun. Es kann schon sein, dass wir sie ermahnen oder ihnen ins Gewissen reden. Der Punkt ist: Was wir an ihnen bemängeln, das würden wir auch uns nicht durchgehen lassen. Wir verfahren also mit unseren Freunden ähnlich wohlwollend wie mit uns selbst und sind bereit, jeden Grund gelten zu lassen, der sie entlastet. Sie haben es ja nur gut gemeint, waren gerade ein bisschen durcheinander und hatten auch irgendwie Pech.

Machen Sie einmal die Gegenprobe und tauschen in Gedanken das Personal aus: Die Rolle Ihrer Freunde übernimmt jemand, dem Sie neutral gegenüberstehen, den Sie vielleicht gar nicht besonders gut kennen. Parken im Halteverbot? Bei unseren Freunden kommt uns in den Sinn: Man findet ja heute keinen Parkplatz mehr in der Stadt, Parkhäuser sind der Albtraum und es kostet ein Vermögen, sein Auto dort abzustellen. Steht jedoch jemand im Halteverbot, mit dem wir nicht befreundet sind, halten wir ihn für rücksichtslos und egoistisch. Wir denken an zugeparkte Radwege, unübersichtliche Einfahrten, Eltern, die ihren Kinderwagen an diesem fetten Angeberauto vorbeischieben müssen, und finden es ganz und gar nicht in Ordnung, dass diese Leute sich irgendwelche Sonderrechte herausnehmen.

Erinnern wir uns an das zweite Kapitel: Sind wir mit Emmely befreundet, empört uns die Kündigung. Ist der Marktleiter unser Freund, zeigen wir Verständnis, dass er nicht jemanden an die Kasse setzen mag, der nicht korrekt abrechnet. Und selbstverständlich ziehen wir seine Darstellung nicht in Zweifel, da er doch unser Freund ist. Wir nehmen unsere Freunde anders wahr, genau daran erkennt man eine Freundschaft.* Fehlt dieser wohlwollende Blick, sind sie eigentlich nicht (mehr) unsere Freunde.

Für die kleinen Sauereien sind Freunde von großer Bedeutung. Mit ihnen können wir uns nämlich austauschen in der Gewissheit, dass sie auf unserer Seite sind. Sie bestätigen uns darin, dass wir im Grunde ganz in Ordnung sind. Gerade bei den kleinen Sauereien wollen wir genau das hören. Bevor Sie das verurteilen (und für eine weitere kleine Sauerei halten), machen Sie sich folgendes klar: Es geht nicht darum, die Freunde in ihren kleinen Sauereien zu bestärken und zum Falschparken oder Schummeln zu ermuntern. Vielmehr geben uns unsere Freunde das unverzichtbare Gefühl, im Kern ein guter Mensch zu sein. Das Gleiche leisten wir für sie. Nicht aus Berechnung, sondern weil wir ehr-

---

* So hat es der Wissenschaftsautor Robert Wright einmal in einer Vorlesung über den Buddhismus formuliert.

lich davon überzeugt sind. Wir finden unsere Freunde liebenswert und wollen, dass es ihnen gut geht. Aber auch nicht zu gut, wie wir noch sehen werden.

Wie du mir, so ich dir

Eine gute Freundschaft beruht auf dem Prinzip der Gegenseitigkeit. Ich helfe Ihnen, und Sie helfen mir. Natürlich rechnen wir nicht gegeneinander auf, was wir füreinander getan haben, schließlich sind wir ja miteinander befreundet. So ein wenig rechnen wir aber doch. Nicht im Einzelnen, mehr so nach Gefühl: Ist unsere Freundschaft halbwegs im Gleichgewicht? Oder habe ich den Eindruck, dass von Ihnen nicht viel zurückkommt? Muss ich Sie immer drängen, um überhaupt etwas zu bekommen?

Wenn Sie Ihren Freundes- und Bekanntenkreis einmal durchmustern: Haben Sie den Eindruck, dass die anderen Ihnen etwas schuldig geblieben sind? Fühlen Sie sich selbst momentan in der Pflicht? Oder befindet sich die Sache mehr oder weniger im Lot? Solange wir den Eindruck haben, dass die Sache im Ungleichgewicht ist, fühlen wir uns unwohl – entweder ausgenutzt und vernachlässigt oder einfach jämmerlich. Nämlich dann, wenn wir dem anderen sehr viel verdanken. Ganz richtig, das ist die unangenehmere Variante, denn dann stehen wir bei dem anderen in der Schuld. Das ist so lange kein Problem, wie wir unser Konto noch ausgleichen können. Doch gibt es Freunde, die uns das sehr schwer machen. Wir wollen ihnen einen Gefallen tun, aber sie nehmen den nicht an oder lassen uns spüren, dass sie das, was wir für sie tun, nicht brauchen. Auch wenn ihnen das manchmal gar nicht klar ist: Damit machen sie uns klein. Und das ist unter Freunden schon eine echte Sauerei.

Der weit häufigere Fall ist allerdings der, dass wir finden, unsere Freunde und Bekannten könnten sich etwas mehr Mühe geben. Wir waren es doch, die sie das letzte Mal eingeladen, sich ihre endlosen Liebeskummergeschichten angehört und sie mit guten Ratschlägen bedacht haben. Und ihre neue Stelle verdanken sie *indirekt* auch uns. Und was ist der Dank? Auch wenn wir uns das kaum vorstellen können, ist es durchaus möglich, dass diese Freunde über uns genau dasselbe denken. Sie sind der Ansicht, wir wären jetzt, nach all dem, was sie für uns getan haben, endlich einmal an der Reihe, uns erkenntlich zu zeigen. Dabei handelt es sich nicht um persönliche Undankbarkeit oder eine Gedächtnisschwäche, sondern um ein weit verbreitetes Verhaltensmuster, das der Organisationspsychologe Francis Flynn näher untersucht hat.*

Demnach läuft die Sache häufig folgendermaßen ab: Wir tun jemandem einen Gefallen. Seine Dankbarkeit kennt keine Grenzen. Wir murmeln etwas wie «Ist schon gut. Das habe ich doch gerne getan. Das ist doch selbstverständlich, unter Freunden.» Tatsächlich hat Flynn zeigen können, dass der Nutznießer den Gefallen anfangs oftmals höher einschätzt als der Wohltäter. Dann aber ändert sich das. Während beim Nutznießer die Wertschätzung allmählich abnimmt, steigt sie beim Wohltäter stetig an. Wenn Sie mir zum Beispiel beim Umzug geholfen haben, erkläre ich Sie zum Helden. Ihnen ist das vielleicht schon ein bisschen peinlich. Wozu sind denn Freunde da? Einige Zeit später beurteile ich Ihre Hilfe schon etwas zurückhaltender, während Sie sich an jede einzelne Kiste erinnern können, die Sie für mich geschleppt haben. Spätestens wenn sich beide Kurven schneiden, also unsere Bewertung übereinstimmt, sollte ich Ihnen einen Gefallen tun. Am besten wäre jetzt natürlich, wenn Sie auch zufällig umziehen. Dann hätten wir beide das Gefühl: Das geht in Ordnung so. Warte ich hingegen zu lange, dann neigen Sie dazu, Ihren Beitrag langsam zu überschätzen («Ohne mich säße der immer noch in seinem Loch …»), während ich mich kaum noch entsinne, ob Sie überhaupt dabei waren, unter all den Leuten, die mit angepackt haben.

* Vgl. Francis Flynn: «What Have You Done For Me Lately? Temporal Adjustments to Favor Evaluations», in: *Organizational Behavior and Human Decision Processes*, Band 91 (1), 2001, Seite 38–50.

Flynn hat diesen Effekt unter Arbeitskollegen im Kundenservice einer amerikanische Fluglinie untersucht. Doch dürfte es unter Freunden eher noch schlimmer zugehen. Denn während wir zu unseren Arbeitskollegen ein mehr oder weniger sachliches Verhältnis haben, ist das bei unseren Freunden ja gerade nicht der Fall. Wenn uns ein Kollege hängen lässt, kann der das nächste Mal sehen, wo er bleibt. Bei Freunden sind wir viel stärker emotional in die Sache verstrickt.

Mit ein bisschen Hilfe von unseren Freunden

Freunde unterstützen sich gegenseitig. Auf Freunde kann man sich verlassen. Das zeichnet Freundschaft aus und macht sie so kostbar, manche sagen auch: so selten. Wer viele Freunde hat, der wird es im Leben weit bringen. Denn er hat Menschen um sich, die sich für ihn einsetzen und nur sein Bestes wollen. Doch die Forschung zeigt, dass es in manchen Situationen gerade unsere Freunde sind, die uns am zuverlässigsten einen Knüppel zwischen die Beine schlagen. Das fängt damit an, dass wir unsere Freunde heruntermachen, und zwar bei Fähigkeiten, auf die wir selbst viel Wert legen. Hier wollen wir nicht schlechter dastehen als sie. Der Sozialpsychologe Abraham Tesser hat das näher untersucht.* Er stellte Freundschaftspaaren Aufgaben, um ihr «ästhetisches Urteilsvermögen» und ihre «soziale Sensibilität» zu testen. Zuvor ließ er sie bewerten, für wie wichtig sie die betreffende Fähigkeit hielten. Dann sollten sie schätzen, wie ihr(e) Freund(in) und eine fremde Versuchsperson abgeschnitten hätten: besser, schlechter oder genauso wie sie selbst. Es zeigte sich, dass sie bei der Fähigkeit, auf die sie selbst viel Wert legten, ihren Freunden nicht viel zutrauten und sie schlechter einschätzten als den unbekannten Teilnehmer.

* Abraham Tesser, Jonathan Smith: «Some Effects of Task Relevance and Friendship on Helping. You don't Always Help the One You Like», in: *Journal of Experimental Social Psychology*, Nr. 16, 1980, Seite 582–590.

Das war aber noch nicht alles. Tesser und sein Kollege Jonathan Smith ließen in einem zweiten Experiment Freundschaftspaare Begriffe raten. Dabei sollte der eine dem anderen Hinweise geben – und zwar aus einem Fundus vorher festgelegter Wörter. Das Ziel war es, mit möglichst wenig Hinweisen den Begriff herauszubekommen. Nun waren die Hinweiswörter allerdings unterschiedlich brauchbar. Es gab welche, die leicht auf den gesuchten Begriff führten, und andere, die sogar ein wenig verwirrend waren. Jede Person spielte mit ihrem Freund und mit einem ihnen unbekannten Teilnehmer. Der böse Kniff kommt jetzt: Die eine Hälfte der Versuchspersonen bekam die Information, dass mit diesem Test «wichtige verbale Fähigkeiten» gemessen werden sollten, während die andere Hälfte annahm, es handle sich um ein bedeutungsloses «Spiel». Sie ahnen das Ergebnis: Die Freundschaftspaare schlugen die «gemischten Teams», wenn es sich um ein «Spiel» handelte. Sollten «wichtige verbale Fähigkeiten» überprüft werden, gaben die Versuchspersonen ihren Freunden *schlechtere* Hinweise als den Unbekannten!

Anders gesagt: Wenn es darauf ankommt, können wir uns auf unsere Freunde nicht verlassen. Auch wenn es ihnen selbst gar nicht bewusst ist, leisten sie ihren Beitrag, um zu verhindern, dass wir Erfolg haben. Und zwar bevorzugt dann, wenn wir ihnen in irgendeiner Weise enteilen oder sie übertreffen könnten. Wenn wir einen großen Erfolg vor der Nase haben, dann hätten sie es lieber, wenn sich den ein anderer schnappt. Warum? Weil wir uns mit unseren Freunde vergleichen. Wir beziehen einen gehörigen Teil unseres Selbstwertgefühls daraus, dass wir mit unseren Freunden mithalten können. Auf der einen Seite freuen wir uns und sind vielleicht auch ein bisschen stolz, wenn unseren Freunden etwas gelingt und sie Anerkennung genießen. Aber sehen wir den Dingen ins Auge: Die freundschaftliche Freude und Hilfe hat ihre Grenze. Und jenseits dieser Grenze beginnen die kleinen Sauereien, die unterschätzten Sauereien unter Freunden.

9.

Die Sau rauslassen – warum kleine Sauereien Spaß machen

In der amerikanischen Krankenhausserie «Scrubs» betritt der ehemalige Chefarzt Dr. Kelso die Kantine, bestellt einen Muffin «mit Blaubeeren, bitte!» und befördert ihn umgehend in den Abfalleimer. Sein triumphierender Kommentar lautet: «Einfach, weil ich's kann.» Oh ja, das ist schon eine kleine Sauerei. Dr. Kelso aber genießt diesen Moment. Er hat diesen Muffin bei einem Wettbewerb gewonnen (sogar die lebenslange Versorgung mit Muffins) und demonstriert nun seine absolute Verfügungsgewalt: Wenn ich will, kann ich diesen Muffin, der eigens für mich gebacken wurde, einfach vernichten. Nun läuft diese diktatorische Geste bei einem Blaubeerküchlein etwas ins Leere, und doch gibt die Szene sehr gut wieder, warum wir an manchen kleinen Sauereien so viel Freude haben. Sie bestätigen uns in unserer vermeintlichen Machtfülle. Aber zunächst wollen wir uns den kleinen Sauereien von denen zuwenden, die sich nicht so mächtig fühlen und deshalb ein Ventil brauchen.

Lust an der Entlastung

Eigentlich darf das ja gar nicht sein. Wir verstoßen gegen eine Norm, und statt uns dafür zu schämen, macht uns der Regelverstoß Spaß. Wir genießen es, wenn wir uns zeitweilig «danebenbenehmen», wenn wir «die Sau rauslassen» können. Im Alltag wollen wir so nicht sein, aber hin und wieder möchten wir doch ruhigen Gewissens über die Stränge schlagen. Wie manche Psychologen glauben, ist dieses Bedürfnis umso größer, je stärker wir uns sonst zusammenreißen müssen. Es kostet nämlich Kraft, die ganze Zeit freundlich und diszipliniert zu sein. Irgendwann sind wir müde und lassen die Zügel schleifen – «Ego-depletion», Selbsterschöpfung, hat der Psychologe Roy Baumeister diesen Zustand genannt.* Man sollte sich also bei seinem Versuch, ein guter Mensch zu sein, nicht zu viel vornehmen, sonst muss man ständig mit kleinen Sauereien gegensteuern. Auf der anderen Seite plädiert Baumeister dafür, seine Willensstärke und Selbstdisziplin wie einen Muskel zu trainieren. Und wie das beim Muskeltraining so üblich ist, muss man fleißig üben, um ihn zu kräftigen. Allerdings benötigt man auch Ruhepausen, sonst wird der Muskel wieder schwächer – und kaum etwas wirkt hier so entlastend wie eine kleine Sauerei.

Wir können eben auch anders. Und jetzt dürfen wir das einmal zeigen. Wir sind laut, albern, vulgär, haben uns nicht im Griff. Dieser Kontrollverlust bereitet uns allerdings nur unter zwei Voraussetzungen Vergnügen: Er muss zeitlich stark begrenzt sein (dieser Zustand ist ja nur als Kontrast ein Genuss**) und wir dürfen für unsere kleinen Sauereien nicht zur Rechenschaft gezogen werden. Das bedeutet, dass wir sie entweder in einem dafür vorgesehenen Rahmen erledigen müssen (sagen wir, bei einer Tagung dürfen ab 23 Uhr an der Hotelbar die menschlichen Abgründe geöffnet werden) – oder eben heimlich.

---

* Roy Baumeister, Mark Muraven: «Self-Regulation and Depletion of Limited Resources», in: *Psychological Bulletin*, Band 126 (2), 2000, Seite 247–259. Abrufbar unter: bama.ua.edu/~sprentic/672%20Muraven%20%26%20Baumeister%202000.pdf.
** Es gibt wohl kaum einen Beruf, der seelisch so auszehrend ist, wie wenn Sie täglich als Stimmungskanone und Partyknaller auftreten müssen.

«Cheater's High» –
der unerwartet große Spaß am Schummeln

Wir kennen das schon aus dem ersten Kapitel: Wir halten uns nicht an die Regeln, verschaffen uns Vorteile und fühlen uns anschließend großartig. «Cheater's High» haben die Forscher um Nicole Ruedy und Francesca Gino diesen Effekt genannt, den wir uns jetzt etwas genauer ansehen.* Was die Sache besonders interessant macht: Eigentlich würden wir etwas anderes erwarten, nämlich, dass uns die Schummelei im Nachhinein leid tut und wir von Gewissensbissen gequält werden. Zumindest aber, dass es uns nicht besser geht als denjenigen, die ehrlich geblieben sind.

Genau das wollten Ruedy und Gino herausfinden. Sie befragten ihre Teilnehmer, wie sich eine bestimmte Person fühlen würde, nachdem sie geschummelt hat – oder auch gerade nicht. Szenario 1: Die Person nimmt an einem Experiment teil und muss knifflige mathematische Aufgaben lösen. Anschließend soll sie ihr Ergebnis dem Studienleiter mitteilen und das Aufgabenblatt schreddern. Für jede gelöste Aufgabe bekommt sie 50 Cent. Die Person kann also schummeln, ohne befürchten zu müssen, entdeckt zu werden.** Die eine Hälfte der Teilnehmer sollte angeben, wie sich die Person fühlt, nachdem sie geschummelt hat, und die andere Hälfte, wie sich die Person fühlt, wenn sie nicht schummelt, obwohl sie es ja gefahrlos könnte. Das Ergebnis war eindeutig: Die Teilnehmer meinten, die Ehrlichen würden sich gut fühlen, die Mogler eher schlecht. Beim Szenario 2 war das Ergebnis etwas differenzierter. Hier ging es um eine Bonus-

---

* Nicole E. Ruedy, Celia Moore, Francesca Gino, Maurice E. Schweitzer: «The Cheater's High: The Unexpected Affective Benefits of Unethical Behavior», in *Journal of Personality and Social Psychology*, Band 105 (4), 2013, Seite 531–548. Abrufbar unter: https://www.apa.org/pubs/journals/releases/psp-a0034231.pdf.
** Kenner werden das Experiment wiedererkannt haben. Das Design ist uns bereits im Gewissenskapitel begegnet, im Abschnitt «Etwas Gutes tun», das Experiment von Nina Mazar und Dan Ariely.

zahlung, die sich ein Unternehmensberater durch geschönte Angaben sichern konnte. Dem Ehrlichen würden immerhin 500 Dollar entgehen. Hier prognostizierten die Teilnehmer dem Schummler etwas mehr «positive Gefühle» als dem ehrlichen Unternehmensberater, dafür aber auch mehr «negative», sprich Gewissensbisse.

Dann untersuchte Ruedy, wie das wirklich zugeht. Die Versuchspersonen sollten unterschiedliche Aufgaben lösen, bei denen es jeweils verschiedene Methoden gab, zu schummeln: In manchen Experimenten konnten die Teilnehmer das Ergebnis fälschen, in anderen die richtige Lösung nachspicken. Vor Beginn und nach Abschluss der Aufgabe wurde ihre emotionale Befindlichkeit abgefragt. Klar war, dass die Schummler mit ihrer Mogelei ungestraft davonkommen würden. Das Ergebnis: Die Schummler fühlten sich wesentlich besser als die Ehrlichen, aber auch besser als die Teilnehmer einer Kontrollgruppe, die die gleichen Aufgaben bearbeiteten, aber gar keine Möglichkeit hatten zu schummeln. Von Gewissensbissen keine Spur.

Es gab noch ein ausgeklügeltes Kontrollexperiment, mit dem Ruedy und Gino herausfinden wollten, ob sich das «Cheater's High» nur auf die (vielen) Teilnehmer beschränkt, die aktiv schummeln, während jemand, der ehrlich ist, aber von einer Mogelei profitiert, nicht glücklich darüber ist, weil das Ganze ja nicht mit rechten Dingen zugegangen ist. Deshalb ließen sie die Teilnehmer in Paaren die Aufgaben bearbeiten. Und? Richtig, der (vorher instruierte) Partner war es, der das gemeinsame Ergebnis schönte. Aber nein, auch denjenigen, die sich selbst nicht die Hände schmutzig gemacht hatten, ging es anschließend prächtig. In einem letzten Experiment wurde den Teilnehmern eröffnet: «Uns ist bewusst, dass wir Ihre Ergebnisse nicht überprüfen können und dass Sie vielleicht geschummelt haben, indem Sie Ihre Leistungen übertrieben haben. Wir hoffen, dass Sie ehrlich geantwortet haben.» Im Unterschied zu den vorangegangenen Experimenten musste den Teilnehmern klar sein, dass sie unter

Mogelverdacht standen, wenn sie allzu hochfliegende Ergebnisse meldeten. Das hielt sie aber nicht davon ab, genau das zu tun – und anschließend vollkommen mit sich im Reinen zu sein.

In den genannte Experimenten waren die zwei Bedingungen erfüllt, unter denen sich das «Cheater's High» einstellt: Es bestand beste Aussicht darauf, ungestraft davonzukommen, und es gab kein unmittelbares Opfer, mit dem man sich auseinandersetzen musste. Man trickste also das System aus und verschaffte sich somit auf unehrliche Weise einen Vorteil. Weil das niemandem weh tut, bereitet es einem selbst umso mehr Vergnügen. Allerdings dürfen wir vermuten, dass es auch zu einem «Cheater's High» kommt, wenn es zwar ein Opfer gibt, aber man sich einreden kann, dass dieses den Tiefschlag irgendwie verdient habe. Häufig ahnt das Opfer gar nicht, dass es hintergangen wird. Denn wer andere betrügt, neigt zu der Ansicht, dass er ruhig seinen Spaß haben dürfe, solange er sich nicht erwischen lässt.

Verbotene Früchte

Als ich sechs oder sieben Jahre alt war, habe ich zusammen mit einer Spielkameradin Erdbeeren aus dem Garten unseres Nachbarn, Herrn Rake, genascht. Soweit ich mich erinnere, war es meine Idee, über den Zaun zu steigen. Natürlich sind wir mit den Erdbeeren erwischt worden, wie schon Adam und Eva mit ihrem Apfel, haben uns tapfer bei Herrn Rake entschuldigt und sind nie wieder in das sorgfältig geharkte Beet vorgedrungen. Spaß gemacht hat es trotzdem. In der Schule fingen manche an, zu rauchen, weil es ihre Eltern verboten hatten. Andere griffen zu den Zigaretten, weil es ihre Eltern erlaubt hatten. Ich glaube, die mit den strengen Eltern genossen die tiefen Züge intensiver und hatten mehr Freude an ihren gelben Fingern. Es ist der Reiz des Verbotenen, der uns anzieht und Dinge tun lässt, die, nun ja, albern sind oder schädlich oder eben kleine Sauereien. Verbote und Tabus machen eine Sache erst interessant. Das ist auch der

Grund, warum manchmal gezögert wird, bestimmte Filme, Bücher und Computerspiele als «jugendgefährdend» einzustufen. Für die anvisierte Zielgruppe ist das die zuverlässigste Kaufempfehlung.

Wenn wir uns über Verbote hinwegsetzen, tun wir dies meist mit gemischten Gefühlen. Ganz wohl ist uns dabei nicht. Aber genau das verstärkt den Reiz noch. Ein Teil von uns will uns vielleicht davon abhalten, doch das «Verbotene-Frucht-Modul» setzt sich früher oder später durch. Wir umschleichen das Verbot, um es schließlich beherzt zu brechen. Solche Erfahrungen suchen wir, weil sich dieses Modul einschaltet, wenn es darum geht, unser Leben interessanter zu machen. Wer immer nur artig in der Spur bleibt, dem entgeht einiges, wer hingegen etwas Verbotenes tut, stößt in Bereiche vor, die ihm bislang verschlossen waren. Wenn wir die Regeln verletzen, die für uns gelten sollen, können wir das als sehr befreiend empfinden. Wir bestimmen selbst, was wir tun, und nicht die Konventionen. Die Braven sind die Langweiligen, die Ehrlichen die Dummen, die Überkorrekten die Ängstlichen – und alle zusammen sind sie die vereinigten Spaßbremsen. Denn das Vergnügen beginnt häufig erst, wenn wir die Zäune überklettern, die Verbotsschilder umstoßen und das tun, was wir eigentlich nicht dürfen. Wenn wir dabei unerkannt bleiben, können wir noch unbeschwerter loslegen und uns mehr trauen. Wir müssen uns vor niemandem rechtfertigen und unseren inneren Pressesprecher einschalten, der ohnehin überfordert ist, unser Verhalten zu erklären. Sagen wir es offen: Manche Dinge machen nur Vergnügen, solange sie verborgen bleiben.

Umgeleitete Aggressionen

Und jetzt ist es endlich Zeit, einen Blick in die Savanne zu werfen. Auf die Paviane, eine Affenart, die vielleicht kein besonderer Sympathieträger ist, aber im Kampf ums Dasein überaus erfolgreich, also unserer eigenen Art nicht unähnlich. Der Biologe

Robert Sapolsky hat das Leben der Paviane intensiv erforscht und sich vor allem mit dem Thema Stress beschäftigt.* Wie er berichtet, müssen sich die Tiere nur ein paar Stunden des Tages um die Nahrungsbeschaffung kümmern, so bleibt ausreichend Zeit, einander das Leben schwer zu machen. Und das tun sie mit großer Hingabe. Unter Pavianen sind Rangkämpfe weit verbreitet. Wer eine Auseinandersetzung verliert, zeigt alle Anzeichen von Stress: Der Blutdruck schießt in die Höhe, der Adrenalinspiegel ebenso und das Stresshormon Cortisol wird ausgeschüttet. Alles sehr ungesund und geeignet, die Lebensspanne zu verkürzen. Doch es gibt Abhilfe: Wer einem unbeteiligten Artgenossen eins überzieht, der bringt seinen Hormonhaushalt wieder in Ordnung. Wer hingegen die Niederlage in sich hineinfrisst, der bekommt Magengeschwüre. Die Konsequenzen gehören zum Traurigsten, was die Evolutionspsychologie zu bieten hat: Wer auf Unbeteiligte und Schwächere eindrischt, lebt gesünder. In den Worten von Robert Sapolsky: «So ein Typ *bekommt* keine Magenschwüre, er *verursacht* sie.»

Das ändert nichts daran, dass wir es abstoßend finden, wenn sich jemand so verhält. Aufs Ganze gesehen wären wir besser dran, wenn es nicht den hinterhältigen Schlägern besser ginge, sondern den Friedfertigen, die «keiner Fliege etwas zuleide tun». So aber können sich Gewalt und Leid weiter ausbreiten, auch wenn in nahezu allen Kulturen dieses Verhalten missbilligt wird.** Ja, die Verurteilung der umgeleiteten Aggression ist geradezu ein Grundstein jeder Ethik. Die *goldene Regel*, die uns fast überall begegnet, lautet: «Behandle die anderen so, wie du behandelt werden willst.» Und in der Bergpredigt heißt es: «Selig sind die Sanftmütigen, denn sie werden das Erdreich besitzen.» Wer sich an Unbeteiligten vergeht, der gilt als schlechter Mensch und kann sich sehr viel Ärger einhandeln. Und doch geschieht es ständig:

* Vgl. Robert Sapolsky: *Mein Leben als Pavian.* Berlin 2001.
** Vgl. David Barash, Judith Eve Lipton: *Payback. Why We Retaliate, Redirect Aggression, and Take Revenge.* New York 2011, Seite 4.

Entweder im Verborgenen oder aber wir finden irgendeinen Vorwand. Vielleicht handeln wir auch «aus Versehen».

Klugheit, Machtgefühl und Freiheit

Zurück zu Dr. Kelso und seinem Blaubeermuffin. Im Unterschied zu den anderen kleinen Sauereien, die wir angesprochen haben, liegt der Genuss für Dr. Kelso gerade darin, dass er seine kleine Sauerei offen vorführen kann. Er braucht das Publikum, um zu zeigen: Ich kann wirklich und wahrhaftig tun, was ich will, und niemand schreitet ein. Wer sich so aufführt, gibt uns zu verstehen: Ich darf mir so etwas herausnehmen. Es *ist* ein Zeichen von Macht, wenn jemand seine kleinen Sauereien öffentlich zur Schau stellt. Und deshalb tun es diejenigen auch mit dem größten Vergnügen. Einfach weil sie es können. Darüber hinaus können wir unsere kleinen Sauereien als beglückend empfinden, weil sie uns ein Gefühl von Freiheit geben, unabhängig davon, ob wir offen oder heimlich die Regeln brechen. Es eröffnen sich neue Möglichkeiten, wir erreichen unsere Ziele schneller und/oder mit weniger Aufwand. Wir stechen die Ehrlichen aus und hängen die Anständigen ab. Wir fühlen uns ihnen überlegen. Das führt uns zum letzten Punkt: Schummelei, Trickserei, das Aushebeln von Regeln können wir auch als intellektuelle Herausforderung betrachten. Gelingt es uns, das System und seine Aufpasser zu überlisten? Unsere Mitmenschen zu täuschen und aufs Glatteis zu führen? Wenn ja, dann heißt das ja wohl, dass wir schlauer sind als sie. Wer sich für besonders clever hält, kann so einer Versuchung kaum widerstehen. Und so erzeugt jedes Verbot den dringenden Wunsch, es zu unterlaufen. Einfach um sich zu beweisen, dass man es kann.

10.

Voll erwischt – wenn kleine Sauereien auffliegen

Diesen Moment möchten wir unbedingt vermeiden. Und wenn er sich nicht vermeiden lässt, dann wollen wir zumindest nicht dabei sein: Wenn unsere kleine Sauerei herauskommt, die anderen bemerken, dass wir sie beschummelt haben, und sich abzeichnet, dass wir etwas angestellt haben, das gar nicht zu unserem sorgsam gepflegten Image passt. In solchen Momenten wissen wir nicht, wie wir uns verhalten sollen. Und egal wie wir uns verhalten, meist haben wir die Tendenz, alles noch viel schlimmer zu machen. «Ihr guter Ruf leidet am meisten unter dem, was Sie sagen, um ihn zu retten», urteilt der Ex-Börsenhändler und Philosoph Nassim Nicholas Taleb.[*]

Schon kleine Sauereien können den Ruf ruinieren, wenn sie auffliegen und man anfängt, die üblichen Ausreden aufzutischen. Dabei ist das keine böse Absicht, sondern liegt einfach in der Natur der Sache. Wir alle sitzen drei unverzichtbaren Illusionen auf: dass wir eine Persönlichkeit aus einem Guss sind, dass es da eine Zentralstelle gibt, die die Fäden in der Hand hält (und alles erklären kann), und dass sich besonders in den kleinen unscheinbaren Handlungen unser Charakter offenbart. Auf dieser Grundlage pflegen wir unsere Beziehungen – auch zu uns selbst. Es ist

---

[*] Nassim Nicholas Taleb: *The Bed of Procrustes*. New York 2010.

geradezu unser Betriebsgeheimnis, dass wir uns als eine Einheit empfinden. Was wir tun, was wir sagen, ja, was wir denken, das gehört zu uns, dafür fühlen wir uns verantwortlich. Wenn uns dieses Gefühl abhandenkommt, geraten wir in ernsthafte Schwierigkeiten, wir verlieren unsere Identität.

Doch sind wir gar nicht so sehr aus einem Guss, wie wir annehmen. Wenn es einen klaren Befund der psychologischen Forschung gibt, dann den: Wir handeln widersprüchlich, reden widersprüchlich und folgen Überzeugungen, die sich schwer miteinander vereinbaren lassen – je nachdem, in welcher Situation wir gerade stecken oder anders gesagt, welches Modul gerade aktiv ist. Das hat seinen Sinn: Die Module machen uns flexibel und sorgen dafür, dass wir uns schnell neuen Gegebenheiten anpassen können. Auch ist es keineswegs so, dass sie sich gegenseitig bekämpfen oder lahmlegen, vielmehr ergänzen sie sich. Wenn Sie entspannt bei einem Glas Wein über Ihre ethischen Grundsätze nachdenken, greifen Sie auf andere geistige Ressourcen zurück, als wenn Sie jemanden verführen wollen. In diesem Sinne spielen unsere Module zusammen. Sie haben ein und dasselbe Ziel: uns zu nutzen.

In unserem täglichen Leben sind wir recht erfolgreich damit, uns Illusionen über den gefestigten und stimmigen Charakter unserer Mitmenschen zu machen. Wir brauchen solche Illusionen, weil sie uns helfen, eine lebenswichtige Frage zu beantworten: Wem können wir vertrauen? Weil wir unser Gegenüber als ein und dieselbe Person wahrnehmen, glauben wir, zu wissen, ob wir ihr vertrauen können oder aufpassen müssen. Dabei haben wir durchaus ein Gespür für Zwischentöne: Wir halten jemanden in einer bestimmten Angelegenheit für absolut vertrauenswürdig und meinen, dass dies in anderen Dingen nicht der Fall sei. Wir können unsere Mitmenschen einschätzen, mit ihren Stärken und manchmal auch liebenswerten Schwächen. Das gelingt uns vor allem, solange die äußeren Bedingungen halbwegs stabil bleiben. Ändern sich jedoch die Verhältnisse, liegen wir sehr oft daneben und sind verblüfft, dass ein friedfertiger Mensch plötzlich über Leichen gehen oder ein Zyniker zum Moralisten werden kann.

Wir wollen unsere Mitmenschen auf einen bestimmten Charakter festlegen. Umso schlimmer ist es, wenn wir meinen, uns getäuscht zu haben, weil plötzlich kleine Sauereien auf den Tisch kommen, von denen wir nicht recht wissen, wie wir sie einordnen sollen. Was ist das für ein Mensch, der solche Sachen tut? Diese Frage kann aber auch dieser Mensch nicht wirklich beantworten. Wir glauben, er *will* sie nicht beantworten, er versuche, sich herauszuwinden, oder würde uns die bittere Wahrheit verschweigen. All das macht die Enthüllungen von kleinen Sauereien manchmal unsagbar peinlich. Es hat etwas Entwürdigendes, wenn das Bild einer intakten, stimmigen Persönlichkeit Risse bekommt oder ganz in Stücke zerfällt.

Die große Enttäuschung

Natürlich gibt es Leute, die triumphieren, wenn unsere kleinen Sauereien entdeckt werden: Konkurrenten, Neider oder Menschenkenner, die immer schon geahnt haben, dass wir Dreck am Steck haben. Auch wenn dieser Dreck gar nichts ist im Vergleich zu dem Morast, in dem sie selbst waten. Doch das Schlimme ist, dass wir Menschen enttäuschen, die viel von uns gehalten haben. Sie kennen unsere Schokoladenseite, unsere besonnene Art, unser freundliches «Familienmodul», wie es auf Hochtouren läuft. Das alles scheint jetzt nicht mehr zu stimmen. Wir haben unser «wahres Gesicht» gezeigt. Und so ein «wahres Gesicht» ist selten ein schönes. Oder drehen wir die Sache einmal um: Wir sind von jemandem enttäuscht, der sich eine kleine Sauerei geleistet hat. Das kann durchaus auch eine kleine Sauerei der ersten Stufe sein. Ja, manchmal sind die besonders ernüchternd, weil sie dem Betreffenden noch nicht einmal peinlich sind: Diese verächtlichen Bemerkungen über eine Kollegin, gestohlene Hotelhandtücher oder ein supercleverer Trick, mit dem er einen naiven Menschen aufs Kreuz gelegt hat. Er tut so, als wäre das völlig normal. Das ist es aus unserer Sicht aber nicht. Wir meinen, uns in diesem Menschen getäuscht zu haben – und das nehmen wir ihm übel.

Das heißt natürlich nicht, dass wir für Sauereien, die jemand vor uns verbirgt, auch nur einen Funken Verständnis hätten. Ganz besonders empfindlich sind wir, wenn uns jemand getäuscht hat, die kleine Sauerei also darin besteht, dass wir belogen wurden. Das ist eine Kränkung, die wir nicht so leicht verwinden, und unsere Reaktion ist oftmals heftig. Wir sind enttäuscht und wollen mit diesem Menschen nichts mehr zu tun haben. Manchmal reagieren wir aber auch erstaunlich milde. Wenn wir nämlich die Beziehung zum anderen nicht gefährden wollen. Vielleicht sind wir abhängig von ihm. Vielleicht brauchen wir ihn noch. Vielleicht können wir es uns schlicht nicht leisten, auf ihn zu verzichten. Oder wir ahnen, dass wir sehr schnell selbst in seine Lage kommen könnten.

Kommen wir zu der Frage, wie wir eigentlich reagieren *sollten*? Immerhin sind kleine Sauereien weit verbreitet, die meisten kommen nicht heraus,* und ausgeheckt werden sie nicht von einer charakterlich verdorbenen Zentralstelle, sondern sie gehen auf das Konto von bestimmten Modulen, die das Ruder übernehmen, wenn es die Umstände erfordern. Dabei entschuldigt das Argument die Sache keineswegs, denn auch die Module gehören zur Persönlichkeit eines Menschen. Das Entscheidende ist ihr Zusammenspiel: Wie schnell und leichtfertig verabschiedet sich jemand von seinen Grundsätzen? Errichtet jemand eine Saubermann-Fassade aus Anstand und rigoroser Moral, während er im Hinterhof seine schmutzigen Geschäfte abwickelt? Natürlich kann uns eine kleine Sauerei die Augen dafür öffnen, was wir von diesem Menschen zu erwarten haben. Auch wenn uns sein Pressesprecher einlullt, kann das zuständige

---

* Wenn Sie eine «Sarrazin-Zahl» haben wollen: 72,3 Prozent.

«kleine-Sauereien-Modul» bei nächster Gelegenheit wieder anspringen. Doch gilt es eben auch umgekehrt: Ein ratloser Pressesprecher macht noch keinen schlechten Menschen. Die Menschen sind nun einmal widersprüchlich und jeder von uns trägt solche niederträchtigen kleinen Module in sich, die unter bestimmten Voraussetzungen aktiv werden. In solchen Fällen sind wir dankbar, wenn unsere Mitmenschen etwas nachsichtig sind.

Schluss mit lustig

Die kleinen Sauereien dienen vor allem dazu, uns Vorteile zu verschaffen – und dabei machen sie auch noch Spaß. Genau das macht sie für die anderen so unerträglich. Wenn wir uns schon so schlecht benehmen, dann soll es uns wenigstens nicht auch noch gut dabei gehen. Wenn Sie den anderen gegenüber erklären: «Okay, das war nicht in Ordnung, was ich getan habe, aber es hat einfach Riesenspaß gemacht», so können Sie kaum darauf hoffen, dass man Ihnen verzeiht. Ja, eine kleine Sauerei kann Ihren Ruf ruinieren, wenn Sie hinterher zu erkennen geben, dass es Ihnen Vergnügen gemacht hat. Ein geschmackloser Scherz auf meine Kosten? Nein, das hätte nicht sein müssen, aber – ehrlich gestanden – wenn Sie jetzt daran denken, müssen Sie immer noch lachen. So etwas kränkt mich doppelt und ich werde alles daransetzen, dass Ihnen das Lachen schon noch vergeht.

Wer hingegen möchte, dass ihm eine kleine Sauerei vergeben wird, der sollte nicht nur zu erkennen geben, dass ihm die Sache im Nachhinein leid tut, noch wirksamer ist es, wenn wir zeigen, dass es von Anfang bis Ende kein Vergnügen gewesen ist. Zumindest kein *echtes* Vergnügen. Tief in unserem Innern haben wir gelitten oder wir waren nicht ganz bei uns. Unser «wahres Ich» kann die kleine Sauerei nur missbilligen und findet sie «überhaupt nicht lustig». Wir nehmen die Sache ernst. Und das ist die erste Voraussetzung, um uns mit den anderen wieder zu versöhnen.

Sich selbst auf die Schliche kommen

Warum reagieren wir fast immer falsch, wenn wir bei einer kleinen Sauerei erwischt werden? Wir fangen an, uns zu rechtfertigen, reden die Sache klein oder sagen gar nichts, weil uns die Angelegenheit einfach zu peinlich ist. Manche leugnen auch – solange noch irgendeine Aussicht besteht, sich herauszuwinden –, andere gehen gleich zum Gegenangriff über. Eigentlich wissen wir jedoch, dass wir mit solchen Reaktionen alles noch schlimmer machen. Der andere fühlt sich vor den Kopf gestoßen, er will eine Erklärung von uns, er will, dass wir Verantwortung übernehmen, doch unsere unwillkürliche Reaktion sieht anders aus. Denn wenn unsere kleine Sauerei auffliegt, dann sind wir mit Erklärungen und Verantwortung erst einmal überfordert. Wir schalten unseren inneren Pressesprecher ein und der spult sein übliches Programm ab: Alles nicht so schlimm, schuld waren die Umstände oder es war überhaupt ganz anders, als es scheint.

Tatsächlich hat unser Pressesprecher genauso wenig Ahnung wie unser Gegenüber. Er hat nur ein bestimmtes Ziel: Er will uns da raushauen. Er durchsucht unser Hirn nach Entlastungsgründen, und wenn er keine findet, dann *erfindet* er welche, die irgendwie glaubwürdig klingen. Er lügt nicht, sondern er stellt Vermutungen an. Doch führt das zu nichts. Vielleicht sollten wir die Sache ganz anders angehen und unserem Pressesprecher verordnen: keine Ausflüchte. Statt vorzugeben, wir hätten die Erklärung, könnten wir einräumen: Wir wissen es auch nicht so genau. Wir sollten versuchen, die Situation mit Distanz zu betrachten und herauszufinden, was wohl zu der kleinen Sauerei geführt hat. Dass sie aufgeflogen ist, kann für uns sogar vorteilhaft sein, weil wir nun die Chance haben, uns selbst auf die Schliche zu kommen.

Sagen wir es offen: Erwischt zu werden, ändert alles. Vor allem verändert es, wie wir unsere kleinen Sauereien selbst bewerten. Manchmal nehmen wir sie überhaupt erst jetzt zur

Kenntnis. Vorher tun wir fast so, als würden sie gar nicht existieren: «War da was? Keine Ahnung, wird schon nichts Schlimmes gewesen sein.» Es zeichnet die kleinen Sauereien aus, dass wir nicht weiter über sie nachdenken. Wir lassen sie geschehen und wenden uns anderen Dingen zu. Werden wir jedoch erwischt, geht das nicht mehr so einfach. Immerhin steht uns jetzt jemand gegenüber, der enttäuscht, wütend oder fassungslos ist. Anstatt zu leugnen, zu verharmlosen oder eine verlogene «Verzeih mir»-Nummer hinzulegen, können wir versuchen, uns mit den Augen des anderen zu sehen. Dadurch gewinnen wir Klarheit über uns selbst. Es sind die schmerzlichen Erfahrungen, die Änderungen in Gang setzen. Ob uns das gelingt, ist nicht sicher, doch es ist eine Chance. Ganz im Sinne von Anton Tschechow, von dem der vielzitierte Satz stammt: «Der Mensch wird sich bessern, wenn man ihm zeigt, wie er ist.»